UNIT 1

Page 1   Exercise 1M

1. (a) 3000   (b) 90   (c) 70000

2. (a) 85707   (b) 86607   (c) 85617   (d) 95607   (e) 85608   (f) 185607

3. A 340, B 490, C 620, D 5100, E 6600, F 7900

4. (a) 96540   (b) 40569   **5.** $1000 + 547 - 100$

6. (a) six thousand two hundred   (b) ninety thousand   (c) twenty-five thousand and ten
   (d) six hundred and ten thousand four hundred   (e) seven million ten thousand

7. (a) 98643   (b) 34698   **8.** (a) 0 before decimal point   (b) 46000

9. $n = 100$ **10.** $p = 10$ **11.** $a = 100, b = 7$ **12.** $p = 1000, q = 10$ **13.** 500000

14. Twenty-two thousand one hundred and sixty-five

Page 3   Exercise 2M

¹5	²7		³9	7	⁴6		⁵9	1
⁶8	0	9			⁷4	1	1	
2		⁸5	6	4		⁹4		3
			8		¹⁰9			
¹¹9		¹²7	5	¹³9		¹⁴4	1	¹⁵7
3		6		¹⁶7	1	7		2
¹⁷3	1	9		8		¹⁸8	9	

Challenge: 5050

Page 4   Exercise 3M

1. 214   **2.** 345   **3.** 755   **4.** 1293   **5.** 963   **6.** 360

7. 1155   **8.** 34   **9.** 385   **10.** 1075   **11.** $784 - 627 = 157$

12. $635 - 429 = 206$ **13.** $6874 - 592 = 6282$ **14.** 5659   **15.** 6780

16. 1616   **17.**

+	18	67	53	32
33	51	100	86	65
61	79	128	114	93
17	35	84	70	49
14	32	81	67	46

18. 106   **19.** 415   **20.** 1132

21. 119   **22.** 1075   **23.** 832

24. 261   **25.** 818   **26.** 5

27. $234 - 65 = 169$

Page 6 Magic Squares

1.
4	3	8
9	5	1
2	7	6

2.
8	7	3
1	6	11
9	5	4

3.
3	10	8
12	7	2
6	4	11

4.
9	4	11
10	8	6
5	12	7

5.
6	7	2
1	5	9
8	3	4

6.
6	7	11
13	8	3
5	9	10

7.
3	6	10	15
16	9	5	4
13	12	8	1
2	7	11	14

8.
9	14	2	13
11	4	16	7
12	3	15	8
6	17	5	10

9.
11	8	5	10
2	13	16	3
14	1	4	15
7	12	9	6

Page 6 Exercise 4M

1. (a)
	9	8	2	7
5	45	40	10	35
4	36	32	8	28
3	27	24	6	21
6	54	48	12	42

(b)
	4	7	3	8
5	20	35	15	40
9	36	63	27	72
6	24	42	18	48
2	8	14	6	16

(c)
	4	5	8	2
3	12	15	24	6
7	28	35	56	14
6	24	30	48	12
9	36	45	72	18

(d)
	4	5	3	8
2	8	10	6	16
9	36	45	27	72
6	24	30	18	48
7	28	35	21	56

(e)
	3	7	4	9
8	24	56	32	72
2	6	14	8	18
5	15	35	20	45
6	18	42	24	54

(f)
	2	5	7	4
9	18	45	63	36
8	16	40	56	32
3	6	15	21	12
6	12	30	42	24

(g)
	2	7	8	3
5	10	35	40	15
4	8	28	32	12
6	12	42	48	18
9	18	63	72	27

(h)
	2	8	6	9
3	6	24	18	27
7	14	56	42	63
5	10	40	30	45
4	8	32	24	36

(i)
	5	6	3	8
7	35	42	21	56
2	10	12	6	16
4	20	24	12	32
9	45	54	27	72

(j)
	9	7	4	8
2	18	14	8	16
5	45	35	20	40
6	54	42	24	48
3	27	21	12	24

(k)
	7	4	5	8
2	14	8	10	16
6	42	24	30	48
9	63	36	45	72
3	21	12	15	24

(1)

×	3	2	5	7
4	12	8	20	28
8	24	16	40	56
9	27	18	45	63
6	18	12	30	42

or

×	3	9	5	7
4	12	36	20	28
8	24	72	40	56
2	6	18	10	14
6	18	54	30	42

2. (a)

×	6	2	7	4	5
8	48	16	56	32	40
3	18	6	21	12	15
9	54	18	63	36	45
7	42	14	49	28	35
5	30	10	35	20	25

(b)

×	4	9	7	3	8
6	24	54	42	18	48
7	28	63	49	21	56
3	12	27	21	9	24
5	20	45	35	15	40
4	16	36	28	12	32

(c)

×	3	6	4	8	9
7	21	42	28	56	63
8	24	48	32	64	72
5	15	30	20	40	45
9	27	54	36	72	81
3	9	18	12	24	27

Page 7 **Exercise 5M**

1. 3703   **2.** 5152   **3.** 5463   **4.** 2220   **5.** 29512   **6.** 28912
7. 8064   **8.** 6125   **9.** 468   **10.** 4389   **11.** £12900   **12.** 120
13. (a) $47 \times 5 = 235$ (b) $326 \times 7 = 2282$ (c) $703 \times 8 = 5624$ **14.** 4
15. (a) T   (b) T   **16.** $6851 + 31 = 6882$ **17.** $36057 + 101 = 36158$ **18.** 189

Page 8 **Exercise 6M**

1. (a) 11   (b) 48   (c) 6   (d) 9   (e) 2   (f) 10   (g) 81   (h) 49
   (i) 56   (j) 8   (k) 72   (l) 2   (m) 42   (n) 40   (o) 8
2. (a) T   (b) F   (c) F   (d) T   (e) F   (f) F

3.

×	7	4	9	3	6
6	42	24	54	18	36
5	35	20	45	15	30
8	56	32	72	24	48
9	63	36	81	27	54
7	49	28	63	21	42

4.

×	5	3	6	8	7
8	40	24	48	64	56
7	35	21	42	56	49
2	10	6	12	16	14
4	20	12	24	32	28
9	45	27	54	72	63

5.

×	6	7	9	8	4
7	42	49	63	56	28
5	30	35	45	40	20
9	54	63	81	72	36
3	18	21	27	24	12
6	36	42	54	48	24

6. 257   **7.** 205   **8.** 1296   **9.** 726   **10.** 305   **11.** 1387
12. 5457   **13.** 1754   **14.** 5231   **15.** 698   **16.** 3214   **17.** 2234
18. 23   **19.** 84   **20.** 27

Page 10 **Exercise 7M**

1. 582 r 5 **2.** 426 r 2 **3.** 501 r 5 **4.** 39 r 1 **5.** 65 r 7 **6.** 832 r 7 **7.** 14285 r 4
8. 536 r 2 **9.** 17 **10.** 14 **11.** 5 **12.** 34 **13.** 13 **14.** 26
15. 9 **16.** 12 **17.** 19 **18.** 1428 **19.** 55 **20.** 41

Page 11 **Exercise 8M**

1. 972 **2.** 1176 **3.** 900 **4.** 1672 **5.** 4890 **6.** 4992
7. 3807 **8.** 4536 **9.** 7587 **10.** 10856 **11.** 32292 **12.** 97128
13. £1260 **14.** €5589 **15.** £7050 **16.** 24 × 35 **17.** 602 litres **18.** 9744
19. 1050 **20.** £692 **21.** 1222 **22.** 3024 **23.** 39

Page 13 **Exercise 9M**

1. (a) 482 (b) 54 **2.** 22 **3.** 24 **4.** 32 **5.** 27 **6.** 37
7. 31 **8.** 45 **9.** 14 **10.** 24 **11.** 23 **12.** 17 **13.** 61
14. (a) 17 (b) 24 (c) 36 **15.** 65p

Page 13 **Exercise 10M**

1. 32 r 2 **2.** 34 r 5 **3.** 37 **4.** 44 r 8 **5.** 25
6. 47 **7.** 23 r 2 **8.** 23 r 2 **9.** 25 **10.** 12
11. 187 **12.** 36 **13.** 241 **14.** 122 **15.** 33

16.

	13	11	25
17	221	187	425
16	208	176	400
22	286	242	550

Page 14 **Need more practice with whole number arithmetic?**

1. 405 **2.** 281 **3.** 208 **4.** 586 **5.** 390 **6.** 89
7. 85 **8.** 58329 **9.** 65656 **10.** 1585 **11.** 163551 **12.** 4000

13.

Grid 1

×	7	2	12	8	6	3	11	9	4	5
7	49	14	84	56	42	21	77	63	28	35
2	14	4	24	16	12	6	22	18	8	10
12	84	24	144	96	72	36	132	108	48	60
8	56	16	96	64	48	24	88	72	32	40
6	42	12	72	48	36	18	66	54	24	30
3	21	6	36	24	18	9	33	27	12	15
11	77	22	132	88	66	33	121	99	44	55
9	63	18	108	72	54	27	99	81	36	45
4	28	8	48	32	24	12	44	36	16	20
5	35	10	60	40	30	15	55	45	20	25

Grid 2

×	2	9	6	3	5	11	12	8	7	4
2	4	18	12	6	10	22	24	16	14	8
9	18	81	54	27	45	99	108	72	63	36
6	12	54	36	18	30	66	72	48	42	24
3	6	27	18	9	15	33	36	24	21	12
5	10	45	30	15	25	55	60	40	35	20
11	22	99	66	33	55	121	132	88	77	44
12	24	108	72	36	60	132	144	96	84	48
8	16	72	48	24	40	88	96	64	56	32
7	14	63	42	21	35	77	84	56	49	28
4	8	36	24	12	20	44	48	32	28	16

14. 92 **15.** 81 **16.** 112 **17.** 4 **18.** 76 **19.** 180
20. 1026 **21.** 2790 **22.** (a) 8643 (b) 3468 **23.** 8
24. $(3 + 17) \div 5 = 4$ **25.** (a) 63 (b) 84 (c) 273 (d) 592

Page 15 **Extension questions with whole number arithmetic**

1. 2312 **2.** 1702 **3.** 12862 **4.** 24198 **5.** 36 **6.** 47
7. 33 **8.** 68 **9.** 1664 **10.** 35 **11.** 630 cm **12.** 115
13. (a) 2 (b) 6 (c) 5
14. (a) $8 \times 12 = 96, 96 \div 8 = 12, 96 \div 12 = 8$ (b) $96 \div 16 = 6, 6 \times 16 = 96, 16 \times 6 = 96$
  (c) $1204 \div 43 = 28, 28 \times 43 = 1204, 43 \times 28 = 1204$

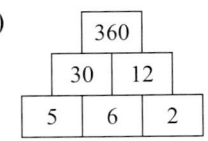

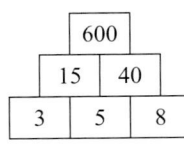

15. (a) 360 / 30, 12 / 5, 6, 2   (b) 600 / 15, 40 / 3, 5, 8   **16.** 7   **17.** 410

18. (a) 1512 (b) 27 (c) 560   **19.** 13×425 **20.** 63

Page 17 **Exercise 1M**

1. (a) 7.9 (b) 11.3 (c) 5.17 (d) 18.39 (e) 126.43
2. (a) $\frac{7}{10}$ (b) 10 (c) 5 (d) $\frac{4}{10}$ (e) $\frac{1}{100}$ (f) $\frac{4}{100}$
  (g) $\frac{3}{10}$ (h) 4 (i) 30 (j) $\frac{7}{100}$ (k) 400 (l) $\frac{6}{100}$

3. (a) 0.4 (b) 0.7 (c) 0.05 (d) 0.12 (e) 0.23 (f) 0.29 (g) 0.31

4. T **5.** T **6.** T **7.** T **8.** T **9.** F **10.** F **11.** F
12. T **13.** F **14.** T **15.** T **16.** T **17.** T **18.** T **19.** T

21. (a) seven point five two (b) six point two three seven (c) eleven point nought four
(d) sixty point six five (e) five pounds sixty-five (f) three pounds five pence
(g) six point three two four (h) fifty pence

22. 3 is $\frac{3}{10}$, 6 is $\frac{6}{1000}$, 8 is $\frac{8}{100}$

23. (a) 0.3 (b) 0.07 (c) 0.11 (d) 0.004 (e) 0.16 (f) 0.016

24. (a) +0.4 (b) +0.005 (c) −0.2 (d) −0.06

Page 19 **Exercise 2M**

1. 0.12, 0.21, 0.31 **2.** 0.04, 0.35, 0.4 **3.** 0.67, 0.672, 0.7
4. 0.045, 0.05, 0.07 **5.** 0.089, 0.09, 0.1 **6.** 0.57, 0.705, 0.75
7. 0.041, 0.14, 0.41 **8.** 0.8, 0.809, 0.81 **9.** 0.006, 0.059, 0.6
10. 0.143, 0.15, 0.2 **11.** 0.04, 0.14, 0.2, 0.53 **12.** 0.12, 0.21, 1.12, 1.2
13. 0.08, 0.75, 2.03, 2.3 **14.** 0.26, 0.3, 0.602, 0.62 **15.** 0.5, 1.003, 1.03, 1.3
16. 0.709, 0.79, 0.792, 0.97 **17.** 52 cm, 152 cm, 5.2 m **18.** 75p, £0.8, £1.20
19. 200 m, $\frac{1}{2}$ km, 0.55 km **20.** 0.1 cm, 1.2 mm, 2 mm **21.** My teacher is ...
22. (a) 3.143 (b) 2.719 (c) 1.415 **23.** 0.24 g, 0.21 g, 0.206 g, 0.2 g, 0.18 g, 0.109 g

Page 20 **Exercise 3M**

1. 46 **2.** 2.6 **3.** 14.8 **4.** 15.2 **5.** 0.2 **6.** 3.2
7. 7 **8.** 5.2 **9.** 3.14 **10.** 0.02 **11.** 1.02 **12.** 0.8
13. 0.03 **14.** 20 **15.** 0.6 **16.** 28 **17.** 16 **18.** 0.2
19. 0.2 **20.** 0.2 **21.** 0.12 **22.** 5 **23.** 0.6 **24.** 0.01

Page 21 **Exercise 4M**

1. 3.7 **2.** 4.7 **3.** 5.3 **4.** 5.26 **5.** 7.27 **6.** 16.59
7. 44.321 **8.** 13.852 **9.** 19.77 **10.** 88.73 **11.** 1.556 **12.** 24.084
13. 1.728 **14.** 0.986 **15.** 8.26 **16.** £3.86 **17.** £344.14

18. $8.56 - 4.83 = 3.73$ **19.** $4.07 + 4.96 = 9.03$ **20.** $3.176 - 2.428 = 0.748$
21. $8.78 + 0.88 = 9.66$ **22.** $5.92 - 2.26 = 3.66$ **23.** $2.457 + 4.348 = 6.805$
24. 0.01   **25.** 124.83 m

Page 23   **Top Banana**
  1. £11.70   **2.** 250 points   **3.** £12.50   **4.** £0.80   **6.** spent £367.38 8000 points

Page 24   **Exercise 5M**
  1. 10.2   **2.** 6.9   **3.** 14.8   **4.** 28.0   **5.** 36.78   **6.** 71.54
  7. 42.72   **8.** 11.61   **9.** 4.41   **10.** 8.712   **11.** 0.666   **12.** 56.5
  13. 68   **14.** 0.37   **15.** 13.32   **16.** 92.4   **17.** (a) 1.2   (b) 7
    (c) 0.4   (d) 0.2   (e) 0.5   (f) 0.02   **18.** £11.70   **19.** £119.96
  20. £9.52   **21.** £13.77

Page 24   **Exercise 6M**
  1. 1000   **2.** 100   **3.** 0.032   **4.** 0.17   **5.** 1
  6. 100   **7.** 1000   **8.** 6.54   **9.** 10   **10.** 1
  11. 1000   **12.** 100   **13.** (a) 25.4   (b) 6.48   (c) 10.15
    (d) 12   (e) 510   **14.** £10   **15.** NUMBERS   **16.** 2.24 m
  17. 14.08 pints   **18.** Estimate $4 \times 3 = 12$ so incorrect answer
  19. (a) 1.1, 4.4, 44, 0.44   (b) 0.4, 2.8, 8.4, 84   (c) 1.5, 7.5, 22.5, 2250
    (d) 0.04, 0.32, 32, 16   (e) 0.6, 3.6, 36, 4   (f) 2.4, 9.6, 960, 192
  20. (a) £116   (b) £116000

Page 26   **Exercise 7M**
  1. 0.08   **2.** 0.18   **3.** 0.16   **4.** 0.012   **5.** 2.1   **6.** 0.014
  7. 0.45   **8.** 0.24   **9.** 0.002   **10.** 0.49   **11.** 0.8   **12.** 4.2
  13. 0.45   **14.** 0.016   **15.** 0.0006   **16.** 0.66   **17.** €91.20   **18.** £1.43
  19. (a) 1.2   (b) 0.1   (c) 100   (d) 0.2   (e) 0.8   (f) 100
  20. 0.26   **21.** 0.0486   **22.** (a) 16   (b) 180   (c) 23.8   (d) ÷ by 10
  23. (a) $0.84 \, m^2$ (b) $0.49 \, cm^2$ (c) $0.54 \, cm^2$ **24.** $0.9 \, m^2$

Page 27 **Exercise 8M**

1. 4.21 **2.** 34.2 **3.** 4.63 **4.** 0.712 **5.** 47.2 **6.** 6.31 **7.** 6.24

8. 54.14 **9.** 1.34 **10.** £1.52 **11.** 0.928 kg **12.** £0.99 **13.** £8.47 **14.** £3.73

15.

¹7	²6		³1	⁴2	⁵4
⁶2	0	⁷8		⁸4	2
	⁹1	1	¹⁰6		5
¹¹1			¹²3	¹³8	
¹⁴9	¹⁵7	3		¹⁶5	¹⁷3
¹⁸1	5		¹⁹1	0	2

Page 28 **Need more practice with decimals?**

1. 0.002 **2.** (a) 1.272 (b) 9.012 (c) 11.819 (d) 8.678

(e) 6.532 (f) 41.04 (g) 0.273 (h) 0.05 (i) 11.612

3. EQUATION **4.** 100 **5.** 5.5 **6.** 0.052 **7.** 180

8. 1000 **9.** 400 **10.** 1 **11.** 0.117 **12.** 0.002

13. F **14.** £62.10 **15.** 9.45 kg **16.** £41.92 **17.** 5.63 cm

18. (a) 2.24 (b) 2.2525 (c) 1.5125 (d) 0.205 (e) 3.4

(f) 2.75 **19.** $2 \times 6 = 12$ so probably correct **20.** (a) 0.048 (b) 1.04

(c) 0.0027 (d) 0.096 (e) 0.0192 (f) 0.00024

Page 29 **Extension questions with decimals**

1. (a) F (b) T (c) F (d) T (e) F (f) T **2.** 0.26

3.

32	÷	4	→	8
+		×		
40	×	7	→	280
↓		↓		
72	−	28	→	44

4.

18	×	5	→	90
−		+		
7	×	6	→	42
↓		↓		
11	−	11	→	0

5.

25	+	64	→	89
×		+		
6	×	17	→	102
↓		↓		
150	−	81	→	69

6.

35	×	10	→	350
−		÷		
0.2	×	100	→	20
↓		↓		
34.8	+	0.1	→	34.9

7.

38	×	8	→	304
÷		×		
2	×	14	→	28
↓		↓		
19	+	112	→	131

8.

2106	−	574	→	1532
÷		+		
9	×	25	→	225
↓		↓		
234	+	599	→	833

9.

10	×	0.1	→	1
÷		×		
4	÷	16	→	0.25
↓		↓		
2.5	+	1.6	→	4.1

10.

19.6	÷	7	→	2.8
×		+		
0.1	×	10	→	1
↓		↓		
1.96	+	17	→	18.96

11.

8.42	−	0.2	→	8.22
×		×		
100	×	12	→	1200
↓		↓		
842	+	2.4	→	844.4

12.

20	÷	100	→	0.2
×		÷		
22	×	200	→	4400
↓		↓		
440	×	0.5	→	220

13.

1.22	×	3	→	3.66
+		−		
3.78	+	0.2	→	3.98
↓		↓		
5	+	2.8	→	7.8

14.

324	+	578	→	902
÷		−		
9	×	52	→	468
↓		↓		
36	+	526	→	562

Page 33 ***Exercise 1M***

1. 11 **2.** 1 **3.** −5 **4.** 12 **5.** 21 **6.** 2

7. 17 **8.** 24 **9.** 9 **10.** 30 **11.** 30 **12.** 25

13. 8 **14.** 5 **15.** 6 **16.** 8 **17.** 53 **18.** 3

19. 7 **20.** −2 **21.** −4 **22.** 14 **23.** 13 **24.** 0

25. 52 **26.** 11 **27.** 10 **28.** 20 **29.** 5 **30.** 5

31. (a) $4 \times 4 - 7 = 9$ (b) $20 - 3 \times 5 = 5$ (c) $24 \div 3 - 4 = 4$

(d) $(10 - 1) \times 4 = 36$ (e) $26 - (10 - 3) = 19$ (f) $36 \div (7 - 1) = 6$

(g) $(6 + 7) \times 5 = 65$ (h) $11 - 12 \div 2 = 5$ (i) $9 + 7 \times 3 = 30$

(j) $44 + (24 \div 2) = 56$ (k) $(3 \times 7) - 21 = 0$ (l) $48 \div 8 + 11 = 17$

Page 34   **Exercise 2M**

1. 15	**2.** 10	**3.** 5	**4.** 9	**5.** 11	**6.** 1
7. 7	**8.** 0	**9.** 8	**10.** 4	**11.** 0	**12.** 1
13. 18	**14.** 18	**15.** 12	**16.** 27	**17.** 8	**18.** 6
19. 1	**20.** 22	**21.** 9	**22.** 0	**23.** 5	**24.** 0
25. 20	**26.** 10	**27.** 16	**28.** 52	**29.** 40	**30.** 111
31. 51	**32.** 30	**33.** 11	**34.** 9	**35.** 28	**36.** 106
37. 54	**38.** 4	**39.** 4	**40.** 153	**41.** 59	**42.** 165
43. 85	**44.** 12	**45.** 33	**46.** 64	**47.** 67	**48.** 1172

Page 35   **Exercise 3M**

1. $(36 - 9) \div 3$ required
2. $(3 + 4) \times 5 = 35$
3. $6 + (9 \times 7) = 69$
4. $(7 \times 2) + 3 = 17$
5. $(9 + 12) \times 5 = 105$
6. $6 \times (8 - 2) = 36$
7. $(3 \times 8) - 6 = 18$
8. $(19 - 6) \times 3 = 39$
9. $27 - (9 \div 3) = 24$
10. $(51 \div 3) + 4 = 21$
11. $7 \times (24 - 5) = 133$
12. $(6 + 14) \div 2 = 10$
13. $(11 + 6) \times 4 = 68$
14. $(12 \times 8) - (9 \times 7) = 33$
15. $(8 \times 9) - (4 \times 7) = 44$
16. (a) $(5 \times 6 - 4) \div 2 = 13$ (b) correct (c) correct
(d) correct (e) $(6 + 7 - 1) \div 2 = 6$ (f) correct

Page 35   **Exercise 3E**

1. $(4 + 8) \div 2 = 6$
2. $(5 + 2) \times 3 = 21$
3. $(7 + 2) \div 3 = 3$
4. $(9 - 4) + 2 = 7$
5. $(8 - 4) \times 5 = 20$
6. $(20 - 2) \div 3 = 6$
7. $(7 \times 4) + 2 = 30$
8. $(7 \times 6) - 22 = 20$
9. $(6 \div 3) \times 4 = 8$
10. $40 \div (8 - 3) = 8$
11. $(36 + 4) \div 8 = 5$
12. $(49 \div 7) \times 2 = 14$
13. $21 + 14 - 11 = 24$
14. $(16 \times 3) + 9 = 57$
15. $(12 + 16) \div 4 = 7$
16. $42 + 6 - 24 = 24$
17. $(18 - 13) \times 5 = 25$
18. $40 \div (16 - 6) = 4$
19. $(7 \times 8) - 6 = 50$
20. $(13 \times 4) - 8 = 44$
21. $4 \times (9 \div 3) = 12$
22. $7 \times (9 \div 3) = 21$
23. $(45 \div 3) - 4 = 11$
24. $(121 \div 11) \times 7 = 77$

Page 36   **Exercise 4M**

1. (a) $8 + \dfrac{6}{2}$ (b) $\dfrac{10}{2} + 4$ (c) $12 - \dfrac{8}{2}$ (d) $\dfrac{10}{3 + 1}$ (e) $\dfrac{12 - 7}{2}$ (f) $\dfrac{10}{5} - 1$

2. 2 **3.** 8 **4.** 3 **5.** 3 **6.** 2

7. 2	**8.** 4	**9.** 19	**10.** 9	**11.** 6.4
12. 6.2	**13.** 0.09	**14.** should be $8 + \frac{4}{4}$		
15. (a) 1.12	(b) 2.11	(c) 5	**16.** eg. $\frac{6.6 + 3.4}{2.5} + \frac{15}{1.5}$	

Page 37   Exercise 5M

1. (a) 5   (b) 8   (c) 4   (d) 3

2. (a) $17 - (4.2 \times 3) =$ (b) $28 \div (2.41 + 4.59) =$

3. 9.05	**4.** 11.36	**5.** 5.7	**6.** 12.4	**7.** 1.51
8. 4.68	**9.** 2.81	**10.** 4.07	**11.** 15	**12.** 2.4
13. 3.712	**14.** 8.4	**5.** 8.2695	**16.** 9.757	**17.** 5.98
18. 6.2	**19.** 17	**20.** 2.1	**21.** C/E, B/D, F/G	

22. (a) $(9 - 3) \div (4 + 8) =$ (b) $30 \div (8 - 3) + (4 \times 7) =$

Page 38   Need more practice with using a calculator?

1. 5.32	**2.** 12.71	**3.** 2.31	**4.** 14.01	**5.** 9.084	**6.** 15.63
7. 15.15	**8.** 5.34	**9.** 7.9	**10.** 35.64	**11.** 3.2	**12.** 4.4
13. 6.4	**14.** 5.375	**15.** 11.515	**16.** 17	**17.** 2.2	**18.** 1.6
19. 0.3081383	**20.** 11.785714	**21.** 1.2347268	**22.** $(0.6 + 0.2) \times 0.3 - 0.1$		

23. Carly has typed in $\frac{0.73 + 1.4}{0.02}$ **24.** 84000

Page 39   Extension questions with using a calculator?

1. 16	**2.** 27	**3.** 0	**4.** 37	**5.** 8	**6.** 7
7. 12	**8.** 64	**9.** 80	**10.** 18	**11.** 496	**12.** 125
13. 81	**14.** 8	**15.** 27	**16.** 1	**17.** 64	**18.** 64
19. 16	**20.** 10	**21.** 18	**22.** 40	**23.** 24	**24.** 4
25. 7.46	**26.** 28.8369	**27.** 30.1365	**28.** 0.1855319	**29.** 1.1640816	**30.** 1.3277801

Page 39   Spot the mistakes 1

1. $60 \times 52 = 3120$ not 312. Correct answer = 3588

2. decimal point in wrong place. Correct answer = 0.12

3. round up so 36 boxes needed

4. correct

5. $47 \div 7 = 6 \text{ r } 5$ not 5 r 5. Correct answer $= 26.8$

6. $460 \times 2 = 920$ not 820. Correct answer $= £11.21$

7. Did not line up decimal point. Correct answer $= 16.26$

8. $3 + 3.4$ not $\dfrac{20}{5}$. Correct answer $= 6.4$

9. correct

10. No Require $(8 + 12) \div 2 \times 3$

Page 41   Exercise 1M

1. $N + 3$ **2.** $d - 9$ **3.** $2x$ **4.** $y + 25$ **5.** $2k - 8$
6. $3M - 4$ **7.** $25p$ **8.** $2w + 15$ **9.** $10q - 8$ **10.** $3b + 8$
11. $p = 4y$ **12.** $p = 3a$ **13.** $p = 5m$ **14.** $p = 8h$ **15.** Both correct
16. $p = 2m + n$ **17.** $2x + 2y$ **18.** $2w + 6$ **19.** $2b + c$
20. Not correct. Cannot add 18 with $2m$.   **21.** Q because $2n + 16$ larger than $2n + 14$

Page 43   Exercise 1E

1. $b + c - m$ **2.** $2x + y$ **3.** $Q + 8 - P$ **4.** $3s - w$ **5.** $a + b + c - 8$
6. $4x - y + 5$ **7.** $g - f + n$ **8.** $2y + 3w - x$ **9.** $6m + 3n$ **10.** $5q - 3p + 4m$
11. $5x$ **12.** $y + 20$ **13.** $w - 9$ **14.** $3m$ **15.** $4x + 45$
16. should be $n + 4$ **17.** $n - 40$

Page 45   Exercise 2M

1. $8a$ **2.** $4x$ **3.** $4a + 3b$ **4.** $6c - 4d$ **5.** $4d$
6. $3x + 2$ **7.** $9y$ **8.** $2h$ **9.** $3w$ **10.** y
11. $7x + y$ **12.** $9m$ **13.** $7y$ **14.** $6m + 5n$ **15.** $4x + 6$
16. $13b$ **17.** $12t$ **18.** p **19.** $25n$ **20.** $6a - 5$
21. $8x + 2$ **22.** $30h$ **23.** $9 - 7x$ **24.** $8b - 4$ **25.** $7a + 6$
26. $6c$ **27.** $12y - 12$ **28.** $11y$
29. Letters cannot be added to numbers.   **30.** Yes, both $8m$

Page 46   Exercise 3M

1. $6a + 7b$ **2.** $9x + 7y$ **3.** $3x + 2y$ **4.** $3m + 8n$ **5.** $7a + 9$

6. $2a + 7b$	**7.** $3x + 2$	**8.** $9p + 5q$	**9.** $8x + 2$	**10.** $6a + 10b$
11. $12m + 1$	**12.** $2h + 25$	**13.** $12m + 6n$	**14.** $6p + 3q$	**15.** $9x + 4$
16. $8x + 3y + 6$	**17.** $4a + 3b + 4c$	**18.** $3w + 8$	**19.** $2a + 15$	**20.** $y + 3$
21. $6a + 12c$	**22.** $9p + 2q$	**23.** $7m + 2n + 4$	**24.** $14x + 8$	**25.** should be $7n + 9$

26. (a) $10x + 9$ (b) $12m + 11n + 6$ (c) $9a + 14b + 13$ **27.** A

28. £$(15n + 14)$ **29.** $(12m + 2n + 3)$ metres   **30.** (b) and (c)

Page 47   Exercise 4M

3. $n \times n$	**4.** no values	**5.** (a) $xy = yx, x + y = y + x$	**6.** No
8. square a^2 + rectangle bc	**9.** $4m^2$	**10.** Correct	

Page 48   Exercise 5M

1. $8ab$	**2.** $15cd$	**3.** $42mn$	**4.** $24pq$	**5.** $18ab$
6. $9p^2$	**7.** $40m^2$	**8.** $12mn$	**9.** $28ab$	**10.** $45ab$
11. $63mn$	**12.** $144a^2$	**13.** (a) $12xy$	(b) $12wx$	(c) $8mn$

14. both correct because $mn = nm$ **15.** $2ab$

16. $(12a, b), (a, 12b), (6a, 2b), (2a, 6b), (4a, 3b), (3a, 4b),$
   $(12ab, 1), (ab, 12), (6ab, 2), (2ab, 6), (4ab, 3), (3ab, 4)$

17. $6ab$

Page 49   Investigation – Number walls

Part A: Largest total obtained by putting largest numbers in the middle of the base, smallest numbers at either end.

Part D: Pupils should be encouraged (and helped) to use algebra.
   With 3 bricks: Top brick $= a + 2b + c$
   With 4 bricks: Top brick $= a + 3b + 3c + d$
   With 5 bricks: Top brick $= a + 4b + 6c + 4d + e$

Pascal's triangle can be seen in the coefficients.

Page 51   Exercise 6M

1. 18	**2.** 40	**3.** 46	**4.** 60	**5.** 135

6. (a) Correct. Each adult pays £9 so money equals number of adults multipied by £9   (b) $A = 20$

7. 28   **8.** (a) 50   (b) 122   (c) 43   **9.** 75

10. Diya is correct. Jordan wrote the digit 6 next to the 5 instead of multiplying them.

Page 52 **Exercise 6E**

1. 17	2. 15	3. 37	4. 9	5. 6	6. 32
7. 28	8. 9	9. 7	10. 13	11. 2	12. 25
13. 30	14. 16	15. 72	16. 80	17. 50	18. 54
19. 55	20. 15	21. 'Jacob's boats' is cheaper by £9			22. $n = 40$

Page 53 **Exercise 7M**

1. □ = 8
2. ○ = 5
3. ○ = 12
4. □ = 4
5. △ = 3
6. △ = 4
7. □ = 12
8. △ = 10
9. △ = 14
10. □ = 8
11. ○ = 9
12. ○ = 5

Page 54 **Exercise 7E**

1. □ = △ = 5
2. □ = 2, ○ = 4
3. ○ = $3\frac{1}{2}$ = △
4. △ = 3, ○ = 6
5. □ = △ = 4
6. △ = 3, ○ = 2
7. ○ = 2, □ = 4
8. △ = 10, □ = 5
9. ○ = 10, □ = 0
10. △ = 3, ○ = 0
11. △ = 3, ○ = 3
12. △ = 5, □ = 5
13. □ = 2, ○ = 6
14. □ = 4, △ = 8

Page 55 **Need more practice with the rules of algebra?**

1. (a) $28mn$ (b) $12xy$ (c) $24n^2$ (d) $35ab$ (e) mnp (f) $27a^2$
2. A − C, B − E, D − F
3. Correct
4. 47
5. 18
6. (a) $8x + 8y$ (b) $4x + 2y$ (c) $10m + n$ (d) $3m + 4n$ (e) $2m + 5$ (f) $x + 9$
7. $7m$
8. $x − y + 5$
9. Not correct. $2a + 5 = 9$ then multiplying by 6 gives 54.

Page 56 **Extension questions with the rules of algebra**

1. true	2. true	3. false	4. true	5. true	6. false
7. true	8. false	9. false	10. false	11. true	12. false
13. $13ab$	14. Correct	16. R	17. 28	18. 3	

19. Sophie might be correct but could be eg. $9m$ and $2n$.
20. (a) $3mn + 7$ (b) $2ab + 6a$ (c) $12m^2n$ (d) $6ab + b$ (e) $32n^2$ (f) $3n + mn$
21. (a) $18n + 12$ (b) 48 metres

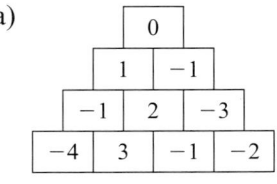

Page 60 **Exercise 1M**

1. (a) 4°C (b) −7°C (c) −3°C, −7°C, −2°C 2. −2, 3, −6, −12, −3
3. (a) 5°C (b) −12°C (c) −15°C (d) 3 a.m. and 9 a.m. (e) 20°C
4. (a) −5 < −4 (b) 0 > −2 (c) −3 > −6 5. (a) 6 (b) 5 (c) 7
   (d) 7 (e) 12 (f) 8 6. 2 7. −7
8. She probably counted −6, −5, −4, −3, −2 so answer = −2°C
9. −1°C 10. −30 m 11. −1°C 12. −5°C, −3°C, −2°C, −1°C, 0°C, 5°C
13. B 14. (a) eg. bottom of a lake (b) floods, build dams

Page 62 **Exercise 2M**

1. (a) −2 (b) −5 2. (a) −3 (b) 2 (c) −4 (d) 3 (e) −3
   (f) −6 (g) −6 (h) −1 (i) −8 (j) 6 (k) 0 (l) −4
3. (a) −6 (b) −6 (c) −8 (d) −13 (e) 2 (f) 4 (g) −11
   (h) −4 (i) 0 (j) −9 (k) −7 (l) −12
5. −12 6. (a) 12 (b) 7 (c) 1 (d) 4 (e) 10 (f) 15
   (g) 8 (h) 3 (i) 60 (j) 14 (k) 20 (l) 2
7. −8 8. C 9. −6 10. −4

Page 64 **Exercise 3M**

1. (a) 4 (b) 11 (c) −5 (d) −3 (e) −9 (f) −11
   (g) −2 (h) 10 (i) 16 (j) −12 (k) 0 (l) −11
2. (a) 1 (b) −6 (c) 1 (d) 0 (e) −4 (f) −3
   (g) −1 (h) 0 (i) −12 (j) −7 (k) 1 (l) −7
3. (a) 4 (b) 10 (c) −2 (d) −4 (e) −2 (f) −9
4. (a)

		0		
	1		−1	
−1		2		−3
−4	3		−1	−2

(b)

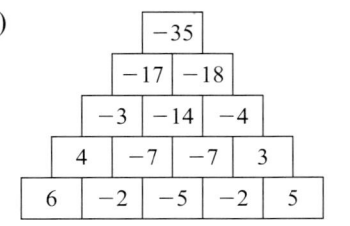

			−35			
		−17		−18		
	−3		−14		−4	
	4	−7		−7	3	
6		−2	−5	−2		5

5. Neither are correct.
6. (a) true (b) false (c) true (d) true (e) false (f) false
   (g) true (h) false (i) false 7. −8

Page 65 **Exercise 4M**

1. (a) -8 (b) -20 (c) -12 (d) 6 (e) -18 (f) -16
   (g) 30 (h) -7 (i) -36 (j) -35 (k) 49 (l) 54
2. (a) -4 (b) -5 (c) -4 (d) 3 (e) 3 (f) -5
   (g) -5 (h) 3 3. (a) -2 (b) -48 (c) 28 (d) -32
   (e) 2 (f) -3 (g) -90 (h) 9 4. $-8, -1; -4, -2$

5. (a)

×	-3	6	-1	4
5	-15	30	-5	20
-2	6	-12	2	-8
7	-21	42	-7	28
-5	15	-30	5	-20

(b)

×	-4	-7	2	0	-8	5
3	-12	-21	6	0	-24	15
-9	36	63	-18	0	72	-45
6	-24	-42	12	0	-48	30
-4	16	28	-8	0	32	-20
-6	24	42	-12	0	48	-30
-1	4	7	-2	0	8	-5

6. 0

7. -6 and 2
8. (a) -8 (b) 30 (c) 9 (d) 36 (e) -32 (f) -40 (g) 100
   (h) 1 9. (a) 7 (b) -7 (c) -2 (d) -9 (e) -50 (f) 72

Page 66 **Need more practice with negative numbers?**

1. $-7 + 4$ 2. (a) true (b) true (c) true
3. Test A: 5, Test B: -1 4. (a) 4 (b) -11 (c) -4 (d) -4
   (e) 6 (f) -9 (g) -8 (h) -1
5. (a) $-9°C, -7°C, -4°C, -2°C, 5°C, 6°C$ (b) $-13°C, -5°C, -4°C, 4°C, 5°C, 23°C$
   (c) $-7°C, -5°C, -2°C, 3°C, 5°C, 14°C$
6. (a) -2 (b) -18 (c) 24 (d) -30 (e) 5 (f) -9
   (g) -56 (h) 21 7. (a) -7 (b) -27 (c) -47
8. Correct. $-12 > -13$. 9. -14 10. 3

Page 67 **Extension questions with negative numbers**

1. (a) -7 (b) -4 (c) 6 (d) -10 (e) -32 (f) -9
2. DYNAMIC 3. $45 \div \boxed{-5} = -9 \times -3 = \boxed{27} \times \boxed{-2} = \boxed{-54} \div 6 = -9$ 4. 3

5. (a)

×	−3	7	10	−4	−6
−2	6	−14	−20	8	12
4	−12	28	40	−16	−24
−5	15	−35	−50	20	30
8	−24	56	80	−32	−48
−3	9	−21	−30	12	18

(b)

+	−2	4	−3	−1	7
−6	−8	−2	−9	−7	1
−2	−4	2	−5	−3	5
−1	−3	3	−4	−2	6
3	1	7	0	2	10
−3	−5	1	−6	−4	4

Page 69 **Spot the mistakes 2**

1. 3 and $2m$ are unlike terms so cannot be added.   2. correct   3. $-5 + 3 = -2$
4. $- \times - = +$ so answer $= 16$ 5. $m \times m = m^2$ not m 6. correct
7. $4t$ means $4 \times t = 4 \times 3 = 12$ so $v = 18$ 8. correct   9. $-12 - 5 = -17$ not -7
10. middle 2 numbers on bottom row $-6 + 2$ should equal -4 not -8

Page 69 **Applying mathematics 1**

1. (a) $575 + 326 = 901$ (b) $369 + 584 = 953$ (c) $216 + 534 = 750$ 2. 85
3. A: $6n + 4$, B: $14n + 10$, difference $= 8n + 6$ 4. 2   5. Just over 596 years
6. $\frac{7}{10} \times \frac{4}{100} = \frac{28}{1000}$ 7. (a) $m + 2n + p$ (b) $m + 2n + p - 300$
8. 47 days   9. 20   10. 45

Page 71 **Unit 1 Mixed Review**

Part one

1. (a) $50 - 43$ (b) $46 - 38$ (c) $86 + 52$ (d) $316 - 253$ (e) $691 - 278$ (f) $474 - 129$
2. (a) $67 \times 2 = 134$ (b) $86 \times 4 = 344$ (c) $57 \times 6 = 342$
   (d) $39 \times 3 = 117$ (e) $239 \times 6 = 1434$ (f) $533 \times 4 = 2132$
3. Missing digits: (a) 5   (b) 2   (c) 6   (d) 5   (e) 4   (f) 8
4. (a) $2x + 2y$ (b) $3n + 16$ 6. 6   7. $-4°C$
8. (a) 3, 6   (b) $-8, -3$ (c) $-8, -3, 0, 3, 6$ (d) 14   9. 8.6

10.

¹1	²9	▓	³2	⁴4
⁵1	8	▓	⁶5	6
7	▓	⁷8	4	▓
▓	⁸6	9	▓	⁹4
¹⁰9	0	▓	¹¹9	4

Part two

1. 224

2. (a) $5 \times 6 - 6 = 24$ (b) $30 - 4 \times 7 = 2$ (c) $36 \div 9 + 7 = 11$
   (d) $(12 - 7) \times 4 = 20$ (e) $32 - (12 - 8) = 28$ (f) $13 - 12 \div 2 = 7$

3. 0.605, 0.65, 0.7, 0.71

4. (a) 4.07 (b) 4.6 (c) 15 (d) 10.65
   (e) 8.4 (f) 3.2

5.

	7	4	9	8
5	35	20	45	40
2	14	8	18	16
6	42	24	54	48
9	63	36	81	72

	5	9	8	6	4
3	15	27	24	18	12
7	35	63	56	42	28
2	10	18	16	12	8
5	25	45	40	30	20
8	40	72	64	48	32

6. (a) $6n + 3$ (b) C and D (c) $4n$ (d) $13n + 8$

7. (a) 6°C (b) −3°C

8. (a) $8w + 3y$ (b) $5p + 6q$ (c) $2m + 2$

9. (a) $2n - 8$ (b) $3p + r$

10. (a) $3.27 + 1.74 = 5.01$ (b) $4.55 + 0.63 = 5.18$ (c) $3.64 - 1.57 = 2.07$

11. 1441

12. (a) $2a + b + c$ (b) $2a, a, 3a$ (c) $3m + n, 2m + 4n, 5m + 5n$

13. £107

14. (a) $11.3 - 12.8 - 128 - 125.1$ (b) $0.06 \times 100 - 6 - 5.8 - 0.58$
    (c) $255 - 2.55 - 3 - 3000$

15. 17

Page 75 **Puzzles and Problems 1**

1. 41×32
2. 52×431
3. 631×542
4. (a) black (b) white (c) 21st (d) 24th
5. 12
6. 11 tapes at £7.99 : £87.89

7.

E	C	A	D	B
D	B	E	C	A
C	A	D	B	E
B	E	C	A	D
A	D	B	E	C

8. Three on each side, then one on each side from lightest set of three.

Page 77 **Mental Arithmetic Test 1**

1. 300 **2.** 6 **3.** 8043 **4.** $\frac{1}{4}$ **5.** 31 **6.** 54
7. 9 **8.** 8 **9.** 48 **10.** 16 **11.** 30% **12.** 8 or 16
13. 36 m² **14.** 7, 14, 21, etc **15.** 14°C **16.** 15 **17.** 9.05 **18.** 280
19. 120° **20.** £1.58

Page 78 **Mental Arithmetic Test 2**

1. 56 **2.** 5027 **3.** 184 **4.** 32 **5.** 30 **6.** 0.75
7. 14 **8.** 150 mm **9.** 370 **10.** 3.4 **11.** 28 **12.** 81
13. 77% **14.** 7.5 **15.** 60 **16.** 16°C **17.** 0.3 **18.** £3.22
19. 46° **20.** 6.25

UNIT 2

Page 79 **Exercise 1M**

2. (a) $\frac{3}{5}$ (b) $\frac{1}{3}$ (c) $\frac{3}{5}$ (d) $\frac{1}{5}$ (e) $\frac{4}{5}$ (f) $\frac{7}{9}$ (g) $\frac{2}{3}$ (h) $\frac{2}{3}$ (i) $\frac{2}{3}$
(j) $\frac{3}{5}$ (k) $\frac{7}{9}$ (l) $\frac{5}{6}$ (m) $\frac{4}{5}$ (n) $\frac{2}{7}$ (o) $\frac{3}{7}$ (p) $\frac{3}{4}$ (q) $\frac{2}{3}$ (r) $\frac{1}{4}$
(s) $\frac{7}{9}$ (t) $\frac{2}{3}$ (u) $\frac{3}{4}$ (v) $\frac{4}{7}$ (w) $\frac{3}{8}$ (x) $\frac{2}{3}$ (y) $\frac{5}{9}$

3. Correct. Divide numerator and denominator by 9.

4. (a) $\frac{12}{16}$ (b) $\frac{4}{20}$ (c) $\frac{10}{12}$ (d) $\frac{4}{5}$ (e) $\frac{15}{27}$ (f) $\frac{20}{35}$ (g) $\frac{9}{24}$ (h) $\frac{36}{60}$ (i) $\frac{21}{30}$
(j) $\frac{25}{40}$ (k) $\frac{20}{55}$ (l) $\frac{48}{60}$ (m) $\frac{4}{5}$ (n) $\frac{3}{5}$ (o) $\frac{4}{9}$ (p) $\frac{7}{10}$

5. Both correct. **6.** $\frac{21}{24}, \frac{10}{24}, \frac{18}{24}, \frac{20}{24}$ so $\frac{7}{8}$ is largest **7.** (a) $\frac{6}{10}$ (b) $\frac{32}{40}$ **8.** Pupil choice..

Page 81 **Exercise 2M**

1. Water 2. Brazil 3. Rugby 4. Dublin 5. Shirt 6. Apricot

Page 82 **Exercise 3M**

1. (a) 7 (b) 28 2. (a) 9 (b) 27 3. (a) 15
   (b) 15 (c) 63 (d) 22 (e) 35 (f) 8
   (g) 32 (h) 40 4. 35 5. 21 litres 6. 72
7. Same 8. (a) £28 (b) £7 9. PYRAMID 10. 5
11. $\frac{7}{8}$ of 40 = 35 > $\frac{8}{9}$ of 36 which equals 32

Page 83 **Exercise 3E**

1. (a) 30 kg (b) 72 cm (c) £60 (d) £36 (e) 150 kg
   (f) 24 m (g) 20 cm (h) 48 m (i) £148 2. £93
3. £15 4. (a) 5 (b) 2 (c) 10 (d) 4
   (e) 20 (f) 40 5. $\frac{1}{8}$ 6. C, E, A, D, B 7. 25

Page 85 **Exercise 4M**

2. (a) $\frac{12}{35}$ (b) $\frac{5}{72}$ (c) $\frac{6}{35}$ (d) $\frac{14}{27}$ (e) $\frac{1}{36}$ (f) $\frac{1}{40}$
   (g) $\frac{33}{140}$ (h) $\frac{3}{20}$ 3. (a) $\frac{2}{11}$ (b) $\frac{1}{2}$ (c) $\frac{2}{3}$ (d) $\frac{2}{9}$
4. (a) $\frac{9}{10}$ (b) $\frac{8}{9}$ (c) $\frac{7}{10}$ (d) $\frac{9}{20}$ (e) $\frac{14}{15}$ (f) $\frac{5}{8}$
   (g) $\frac{21}{50}$ 5. P: $\frac{5}{12}$ cm² and Q: $\frac{1}{5}$ cm² 6. $\frac{7}{10}$ 7. (a) $\frac{15}{56}$ (b) $\frac{8}{45}$
   (c) $\frac{4}{7}$ (d) $\frac{1}{6}$ (e) $\frac{3}{10}$ (f) $\frac{3}{4}$ (g) $\frac{3}{8}$ (h) $\frac{5}{21}$
8. $\frac{3}{16}$ 9. $\frac{1}{10}$

Page 87 **Exercise 5M**

1. (a) $\frac{1}{9} + \frac{6}{9} = \frac{7}{9}$ (b) $\frac{7}{8} - \frac{4}{8} = \frac{3}{8}$ (c) $\frac{14}{20} - \frac{9}{20} = \frac{5}{20} = \frac{1}{4}$
2. $\frac{7}{10}$ 3. $\frac{1}{8}$ 4. $\frac{1}{4}$ 5. $\frac{1}{8}$ 6. $\frac{7}{8}$ 7. $\frac{3}{4}$ 8. $\frac{9}{16}$ 9. $\frac{1}{8}$ 10. $\frac{9}{10}$

11. $\frac{7}{8}$ **12.** $\frac{1}{4}$ **13.** $\frac{1}{2}$ **14.** $\frac{1}{6}$ **15.** $\frac{6}{25}$ **16.** $\frac{3}{4}$ **17.** $\frac{1}{10}$ **18.** $\frac{7}{9}$

19. should not add the numerators and add the denominators. **20.** $\frac{3}{10}$

Page 88   Exercise 6M

2. (a) $\frac{5}{10} + \frac{2}{10} = \frac{7}{10}$ (b) $\frac{8}{12} + \frac{3}{12} = \frac{11}{12}$ (c) $\frac{21}{24} - \frac{16}{24} = \frac{5}{24}$ **3.** $\frac{17}{20}$ **4.** $\frac{11}{12}$

5. $\frac{5}{12}$ **6.** $\frac{2}{21}$ **7.** $\frac{31}{40}$ **8.** $\frac{5}{24}$ **9.** $\frac{11}{90}$ **10.** $\frac{39}{40}$ **11.** $\frac{43}{60}$

12. $\frac{59}{63}$ **13.** $\frac{29}{45}$ **14.** $\frac{1}{30}$ **15.** (a) $\frac{8}{15}$ (b) $\frac{7}{15}$ **16.** 1 m

17. (a) $\frac{1}{3}$ (b) $\frac{2}{3}$ (c) $\frac{1}{3}$ **18.** $\frac{7}{30}$ **19.** $\frac{7}{15} + \frac{1}{5}$ is greater by $\frac{1}{12}$

Page 89   Need more practice with fractions?

1. $\frac{6}{15}, \frac{14}{35}, \frac{10}{25}, \frac{22}{55}$ **2.** $\frac{5}{8} \times \frac{7}{9} = \frac{35}{72}$ **3.** (a) $\frac{5}{9}$ (b) $\frac{20}{45}$

4. (a) $\frac{5}{18}$ (b) $\frac{10}{11}$ (c) $\frac{3}{5}$ (d) $\frac{3}{4}$ **5.** (c) 8 squares

6. 12   **7.** (a) $\frac{39}{40}$ (b) $\frac{16}{35}$ (c) $\frac{23}{36}$ (d) $\frac{23}{24}$ (e) $\frac{23}{70}$

(f) $\frac{29}{72}$ (g) $\frac{19}{28}$ (h) $\frac{1}{4}$ **8.** $\frac{4}{5}$

Page 90   Extension questions with fractions

1. (a) $2\frac{2}{3}$ (b) $1\frac{6}{7}$ (c) $2\frac{2}{5}$ (d) $1\frac{8}{9}$ (e) $7\frac{3}{10}$ **2.** 31

3. (a) $\frac{13}{4}$ (b) $\frac{31}{7}$ (c) $\frac{14}{5}$ (d) $\frac{41}{5}$ (e) $\frac{67}{9}$ **4.** $2\frac{1}{12}$

5. $2\frac{7}{15}$ **6.** $1\frac{5}{8}$ **7.** $1\frac{5}{12}$ **8.** $4\frac{7}{20}$ **9.** $1\frac{19}{24}$ **10.** $1\frac{7}{10}$

11. $5\frac{1}{6}$ **12.** $\frac{19}{30}$ **13.** (a) $\frac{11}{12}$ (b) $\frac{3}{20}$ (c) $\frac{2}{15}$ **14.** $1\frac{11}{12}$

15. Many answers, eg. $\frac{1}{2} + \frac{4}{8}, \frac{1}{5} + \frac{8}{10}$, etc.

Page 92   Exercise 1M

1. 0.7   **2.** 0.39   **3.** 0.5   **4.** 0.07   **5.** 0.9   **6.** 0.13

7. 0.25 **8.** 0.01 **9.** 0.41 **10.** 0.75 **11.** 0.35 **12.** $\frac{15}{100} = 0.15$

13. $\frac{8}{10} = 0.8$ **14.** $\frac{1}{4} = 0.25$ **15.** $\frac{6}{10} = 0.6$ **16.** $\frac{16}{100} = 0.16$ **17.** $0.4 = \frac{4}{10}$ and $\frac{1}{4} = 0.25$

18. $\frac{3}{4} = \frac{15}{20} > 0.7 = \frac{14}{20}$ **19.** 0.55 **20.** 0.4 **21.** 0.28 **22.** 0.75

23. 0.85 **24.** 0.92 **25.** 0.76 **26.** 0.75 **27.** 0.6 **28.** 0.25

29. Missing numbers: 0.4, $\frac{3}{100}$, 0.71, $\frac{9}{20}$, 0.02, $\frac{53}{100}$, 0.45

Page 93   Exercise 2M

1. $\frac{3}{10}$ **2.** $\frac{7}{10}$ **3.** $\frac{1}{100}$ **4.** $\frac{9}{100}$ **5.** $\frac{13}{100}$ **6.** $\frac{51}{100}$

7. $\frac{69}{100}$ **8.** $\frac{9}{10}$ **9.** $\frac{23}{100}$ **10.** $\frac{37}{100}$ **11.** $\frac{4}{10} = \frac{2}{5}$ **12.** $\frac{5}{100} = \frac{1}{20}$

13. $\frac{8}{100} = \frac{2}{25}$ **14.** $\frac{12}{100} = \frac{3}{25}$ **15.** $\frac{37}{100}$ **16.** $\frac{17}{1000}$ **17.** same amount

18. $\frac{4}{5}$ **19.** $\frac{1}{20}$ **20.** $\frac{2}{25}$ **21.** $\frac{1}{4}$ **22.** $\frac{6}{25}$ **23.** $\frac{1}{50}$

24. $\frac{2}{5}$ **25.** $\frac{8}{25}$ **26.** $\frac{3}{20}$ **27.** $\frac{9}{50}$ **28.** $\frac{7}{500}$ **29.** $\frac{1}{8}$

30. $\frac{14}{25}$ **31.** $\frac{1}{40}$ **32.** $\frac{27}{40}$ **33.** $\frac{7}{20}$

Page 94   Exercise 3M

1. (a) $\frac{2}{5}$ (b) $\frac{7}{100}$ (c) $\frac{11}{50}$ (d) $\frac{4}{5}$ (e) $\frac{1}{20}$ (f) $\frac{89}{100}$

(g) $\frac{1}{10}$ (h) $\frac{7}{25}$ (i) $\frac{1}{25}$ (j) $\frac{7}{20}$ **2.** (a) 40% (b) 45%

(c) $\frac{12}{100} = 12\%$ (d) $\frac{55}{100} = 55\%$ (e) $\frac{90}{100} = 90\%$ (f) $\frac{38}{100} = 38\%$ **3.** $\frac{16}{25}$ **4.** 4%

5. 40% **6.** $\frac{3}{10}$ **7.** (a) $33\frac{1}{3}\%$ (b) 75% (c) $66\frac{2}{3}\%$ (d) 12.5%

8. Zoe by 2% **9.** $\frac{37}{50}, \frac{3}{4}, \frac{39}{50}$ **10.** 43%

Page 95   Exercise 4M

1. (a) $\frac{37}{100} = 37\%$ (b) $\frac{17}{100} = 17\%$ (c) $\frac{3}{100} = 3\%$ (d) $\frac{40}{100} = 40\%$ **2.** (a) 0.29 (b) 0.52

(c) 0.8 (d) 0.06 (e) 0.03 (f) 0.13 (g) 1.3 (h) 2.4

3.

$\frac{3}{10}$	0.3	30%
$\frac{11}{20}$	0.55	55%
$\frac{3}{25}$	0.12	12%
$\frac{1}{20}$	0.05	5%
$\frac{12}{25}$	0.48	48%

4. 15%

5. (a) T (b) F (c) T (d) T (e) F (f) T

6. (a) MATHS IS NOT HARD
   (b) DECIMALS MAKE SENSE
   (c) I CAN SOLVE PROBLEMS

Page 97   Need more practice with fractions, decimals, percentages?

1. (a) $\frac{7}{20}, \frac{21}{60}$ **2.** Correct

3. $\frac{3}{25} = 0.12$, $\frac{9}{20} = 45\%$, $\frac{2}{3} = 66\frac{2}{3}\%$, $\frac{52}{200} = 26\%$, $\frac{17}{20} = 0.85$, $0.6 = 60\%$, $\frac{17}{50} = 34\%$, 6% on own

4. (a) F (b) F (c) T (d) T (e) T (f) T   **5.** 80%

6. $\frac{32}{100} = 0.32$ not 0.032   **7.** $\frac{7}{20}$

Page 98   Extension questions with fractions, decimals, percentages

1. (a) 0.019 (b) 0.008 (c) 0.136 (d) 0.75 (e) 0.075
  (f) 0.028 (g) 0.25 (h) 0.178 (i) 0.012 (j) 0.0173

2. (a) $3\frac{1}{5}$ (b) $7\frac{3}{25}$ (c) $3\frac{3}{4}$ (d) $2\frac{19}{20}$ (e) $4\frac{9}{25}$

3. (a) $\frac{3}{5}, 0.7, \frac{3}{4}$ (b) $0.3, \frac{9}{25}, \frac{8}{20}$ (c) $0.7, \frac{12}{16}, \frac{4}{5}$

4. (a) 20% (b) 30% (c) 96% (d) 4% (e) 0.1%

5. (a) Alexis and Shun   (b) Arnav by 15%

6. (a) $\frac{7}{20} < 0.4$ (b) $0.22 < \frac{6}{25}$ (c) $32\% = \frac{16}{50}$ (d) $83\% < \frac{21}{25}$ (e) $7\% < 0.7$ (f) $0.18 < \frac{110}{500}$

7. $\frac{150}{450} = \frac{1}{3} = 33\frac{1}{3}\%$

Page 99   Investigation – Escape

(a) 3 prisoners; 1, 4, 9   (b) 10 prisoners; 1, 4, 9, 16, 25, 36, 49, 64, 81, 100

Page 101   Exercise 1M

1. (a) (4, 8) (b) (7, 4) (c) (6, 7) (d) (3, 4) (e) (8, 4) (f) (5, 2)

2. (a) Hand grenade area (b) Parachute drop zone (e) Secret caves (d) Hospital C
  (e) Interrogation centre (f) Helicopter pad (g) Hospital B (h) Look out point
3. Not correct. x and y values the wrong way round. **4.** (5, 6)

Page 102 **Exercise 2M**

1.

¹P	A	²P	E	³R		⁴F	A	R
L		I		E		O		
⁵A	O	L		⁶A	U	R	A	L
S		O		D		M		
T		⁷T	R	I	B	U	T	E
E				N		L		
⁸R	E	⁹P	U	G	N	A	N	¹⁰T
E		A						A
¹¹D	E	R		¹²B	A	C	O	N

2. pupil choice

Page 104 **Exercise 2E**

1. (a) (7, 7), (4, 6) (b) (5, 11), (3, 10) (c) (7, 3), (4, 2) (d) (9, 0), (9, 2)
  (e) (11, 7), $(10\frac{1}{2}, 9\frac{1}{2})$ **2.** (a) (1, 1) (b) (6, 5) (c) (6, 2)
3. (a) (4, 2) (b) (8, 8) (c) (3, 10)
4. P: (3, 6), (7, 2), (1, 2) Q: (12, 4), (8, 6), (12, 12)
5. (a) (−4, 0) (b) (1, 0) (c) (3, 1) (d) (2, 1)
6. (4, 3), (1, 5), (3, 1), (2, 7), (5, 6), (0, 2), (0, 4), (1, 4), (1, 6), (4, 2), (4, 4), (5, 4)
7. (a) (7, 3), (1, 5), (5, 1), (3, 7), (5, 3), (3, 5), (8, 0), (0, 8) etc
  (b) Any points on the line $x + y = 8$

Page 106 **Exercise 1M**

1. (b) All $y = 7$ (c) $y = 7$ (d) $y = 3$ (e) $y = 1\frac{1}{2}$
2. (b) All $x = 5$ (c) $x = 5$ (d) $x = 3$ (e) $x = -3$
3. A: $x = 3$, B: $y = 2$, C: $y = -2$
4. A: $y = 2$, B: $x = 4$, C: $x = -2$

5. (a) (3, 2)   (b) (1, 5)   (c) (7, 3)

6. (a) $x = 1$ (b) $y = 7$ (c) $x = 2$ (d) $x = 7$

   (e) $x = 3$ (f) $y = 3$ (g) $y = 5$ (h) $y = 0$

7. (d) (2, 4.5)

Page 109   Exercise 1E

1. (a) (0, 2), (1, 3), (2, 4), (3, 5), (4, 6), (5, 7), (6, 8)   (b) $y = x + 2$
2. (1, 0), (2, 1), (3, 2), (4, 3), (5, 4), (6, 5), $y = x - 1$
3. $y = x + 4$ 4. $x + y = 6$ (or $y = 6 - x$)   5. $x + y = 4$
6. $y = 2x$ 7. $y = 3 + x$ not $3 - x$ 8. (a) $x + y = 8$ (b) $n = 6$
9. (a) $y = 2x + 1$ (b) $y = 2x - 4$ (c) $y = 11$ (d) $y = x - 5$
10. $y = \frac{1}{2}x + 8$ 11. $y = 3x - 27$ 12. $x + y = 7$ (or $y = 7 - x$)

Page 111   Exercise 2M

1. (a) 8   (b) 10   (c) 11   (d) 6   2. (a) -5 (b) -4 (c) -3 (d) -2
3. (a) (2, 5) (3, 6) (4, 7)   4. (a) (2, 7) (3, 8) (4, 9)   5. (2, 0) (3, 1) (4, 2)
6. (2, 4) (3, 6) (4, 8)   7. (0, 1) (2, 5) (4, 9)   8. (1, 5) (3, 3) (5, 1) (6, 0)
9. (a) eg. (0, 4) (1, 3) (2, 2) (3, 1) (4, 0)   (b) subtracted x instead of adding x
10. (c) (2, 3)

Page 112   Need more practice with coordinates and straight line graphs?

2. No. $y = 3$ 3. (2, 5) (3, 4) (4, 3)
4. (2, -2), (3, -1), (4, 0)   5. (2, 7), (3, 9), (4, 11)

Page 113   Extension questions with coordinates and straight line graphs

2. (0, -2), (2, 2), (4, 6)   3. (0, 2), (1, 5), (2, 8)
4. (a) 6   (b) 15   (c) 0   5. A and C   6. B and C
7. A: $y = x + 2$, B: $y = 2x$, C: $y = 2x$, D: $y = 2x$, E: $y = x + 2$, F: $y = x + 2$
8. P, S and T are on $y = 3x - 2$; Q, R and U are on $y = x - 3$
9. $y = x - 2$: C; $y = 8 - x$; A; $x = 4$ not marked; $y = 4$: D; $y = 2x$: B

Page 116 **Spot the mistakes 3**

1. No common denominator needed. Must multiply the denominators.
2. Do not subtract numerators and denominators – need a common denominator.
3. $\frac{19}{100} = 0.19$ 4. The line drawn is $y = x + 3$ 5. Correct
6. $\frac{13}{20} = \frac{65}{100} = 0.65$ 7. $x = 2$ not $y = 2$ 8. Correct
9. Only multiply numerator by 3 not the denominator.
10. $\frac{1}{8} = 0.125$ not 0.8 so order is $\frac{1}{8}$, 0.7, 0.72, 76%

Page 118 **Exercise 1M**

1. (a) 24 cm   (b) 24 cm   2. 40 cm
3. Missing numbers: 32, 22, 7, 9, 19.2, 14 (all cm)
4. (a) 32 m   (b) 16   5. 17 m   6. 36 cm   7. 22 cm
8. 28 cm   9. 36 cm   10. 40 cm   11. 36 cm   12. 38 cm
13. 42 cm   14. 50 cm   15. £84.50

Page 120 **Exercise 2M**

1. (a) 57 cm²   (b) 94 cm²   2. (a) 16 cm²   (b) 49 cm²   (c) 36 cm²
   (d) 100 cm²   3. (all cm²)   (a) 50   (b) 43   (c) 120
   (d) 119   (e) 140   (f) 132   (g) 90   (h) 123
4. 8 cm   5. (a) 7 cm   (b) 9 cm   (c) 9 cm   (d) 9.5 cm
6. (a) 200 cm × 150 cm   (b) 150   7. 48 m²   8. 45 cm²   9. 72 cm

Page 122 **Exercise 3M**

1. (all cm²)   (a) 16   (b) 27   (c) 44   (d) $10\frac{1}{2}$ (e) 80
   (f) 54   (g) 35   (h) $22\frac{1}{2}$
2. 9 cm   3. (a) 6 cm²   (b) 30 cm²   (c) 96 cm²   (d) 12 cm²   4. 6 cm
5. (a) 168 cm²   (b) 90 cm²   (c) 180 cm²   6. (a) 88 cm²   (b) 109 cm²
7. 8 cm   8. 18 cm   9. 99 m²

Page 124 Need more practice with perimeter and area?

1. 18 cm
2. (a) 7 cm (b) 28 cm
3. (a) 54 cm (b) 103 cm²
4. 84 cm²
5. Missing numbers: 12 cm², 9 cm, 20 cm, 6 cm, 30 cm
6. B greater by 9.5 cm²
7. 4 cm

Page 125 Extension questions with perimeter and area

1. (a) 181 cm² (b) 63 cm²
2. Not correct. Must be base and height to multiply and halve $\left(\dfrac{6 \times 8}{2} = 24 \text{ cm}^2\right)$.
3. 3
4. 2700 cm²
5. 150 cm²
6. 50
8. 48 cm²
9. 39 cm²
10. 25

Page 127 Investigation – area and perimeter

Part D Largest area is a square of side 8 cm.

Part E Square of side 25 cm. Area is 625 cm².

Page 128 Exercise 1M

1. EF̂G or GF̂E
2. WX̂Y or YX̂W
3. MN̂P or PN̂M
4. Not correct because AĈD = 68°
5. 20°
6. 40°
7. 60°
8. 72°
9. 10°
10. 45°
11. 65°
12. 80°
13. 36°
14. 25°
15. 14°
16. 28°
17. 126°
18. 135°
19. 170°
20. 6°
21. 30°
22. 174°
23. 166°
24. 160°
25. 155°
26. 150°
27. 144°
28. 53°
29. 115°
30. 155°
31. 97°
32. 108°
33. 120°
34. 127°
35. 25°
36. 83°
37. 91°
38. 107°
39. 140°
40. 54°
41. 73°
42. 89°
43. 152°
44. 100°

Page 129 Exercise 2M

1. 50°
2. 50°
3. 35°
4. 45°
5. 37°
6. 120°
7. (a) 47° (b) 95°
8. (a) 108° (b) 36°
9. (a) 76° (b) 127° (c) 93°
10. (a) 68° (b) 127° (c) 93°
11. Probably read the wrong scale on the protractor.
12. Pupil instructions

Page 131 **Exercise 3M**

16.
1. acute
2. obtuse
3. obtuse
4. acute
5. acute
6. obtuse
7. acute
8. obtuse
9. obtuse
10. acute
11. acute
12. reflex
13. reflex
14. obtuse
15. reflex

Page 132 **Exercise 4M**

1. $40°$
2. $60°$
3. $52°$
4. $137°$
5. $42°$
6. $f = 125°, g = 55°$
7. $h = 27°, i = 153°, j = 153°$
8. $k = 90°, l = 90°, m = 90°$
9. $A\hat{B}E = 112°$ (vertically oppposite angles are equal), $C\hat{B}E = 68°$ (angles on a straight line add up to $180°$)
10. Correct
11. $n = 105°$
12. No – different values
13. $a = 88°$
14. $b = 80°$
15. $c = 54°$

Page 134 **Exercise 5M**

1. $65°$
2. $45°$
3. $17°$
4. $d = 60°, e = 120°$
5. $39°$
6. $g = 84°, h = 96°$
7. $110°$
8. $j = 60°, k = 60°$
9. $66°$
10. $105°$
11. $86°$
12. $66°$
13. $A\hat{C}B = 76°$ so angles in triangle add up to $181°$ which is not possible.
14. $138°$

Page 135 **Exercise 6M**

1. $a = 48°$
2. $b = 70°, c = 40°$
3. $d = 45°$
4. $e = 55°$
5. $f = 60°$
6. $g = 82°, h = 16°$
7. $i = 72°$
8. $j = 65°, k = 65°, l = 50°$
9. $m = 28°$
10. $n = 286°$
11. $p = 62°, q = 56°$
12. $r = 38°, s = 109°$
13. $128°$
14. $70°$
15. Equilateral triangle BCD so all angles $= 60°$. $B\hat{A}D = 30°$
16. slab B

Page 138 **Exercise 7M**

1. $C\hat{B}E = 65°, C\hat{B}M = 115°$
2. $P\hat{Q}U = 71°, S\hat{R}V = 71°$
3. $a = 53°, b = 53°, c = 127°$
4. $d = 116°, e = 116°, f = 64°$
5. $g = 125°, h = 125°, i = 55°$
6. $j = 131°, k = 49°, l = 131°$
7. $m = 54°, n = 54°$
8. $p = 38°, q = 52°$
9. $r = 74°, s = 135°, t = 45°$
10. $u = 37°, v = 143°, w = 45°$
11. $B\hat{E}F = 57°$. Lines not parallel because $A\hat{B}E$ should equal $B\hat{E}F$ (alternate) but they do not.
12. $x = 60°, y = 60°$

Page 139   Need more practice with angles?

1. 45°
2. QŜR or SR̂Q
3. (a) 55°   (b) 65°   (c) 60°
4. Draw 100°, 121°, 144° or 169°
5. $a = 51°$
6. $b = 153°$
7. $c = 50°$
8. $d = 104°, e = 76°$
9. $f = 76°$
10. $g = 50°, h = 54°, i = 126°$
11. $j = 152°, k = 71°$
12. $l = 162°$
13. BĈA = 60° so BÂC = 60° hence all angles = 60° so triangle is equilateral.
14. 75°   15. 128°

Page 141   Extension questions with angles

1. $a = 33°$
2. $b = 60°, 2b = 120°, 3b = 180°$
3. $c = 47°$
4. $d = 25°, 3d = 75°$
5. $e = 74°, f = 32°$
6. $g = 50°, h = 115°$
7. $i = 58°, j = 122°, k = 122°$
8. $2l = 20°, 6l = 60°, 10l = 100°$
10. $a = 78°, b = 102°, c = 69°, d = 111°$
11. BĈE = 48°, DĈE = 70°
12. (a) 80°, 20° (or 50°, 50°)   (b) Yes, 50°, 50° (or 80°, 20°)
13. TŜU = 28°, TÛS = 37°
14. CB̂E = BĈE = 70°

Page 142   Spot the mistakes 4

1. Use base and height of 5 cm and 12 cm not 5 cm and 13 cm
2. Length = $\sqrt{36} = 6$ cm
3. area of △ = $\frac{1}{2} \times 4 \times 6$ not $\frac{1}{2} \times 10 \times 6$
4. BÂC not equal to AĈB. Answer should be 40°.
5. Triangle area formula involves 'halving'. Height should be 24 cm.
6. Correct
7. side 5 cm missing. Answer should be 54 cm
8. Seb is not correct because statement is true.
9. Correct
10. large rectangle area = $10 \times 6 = 60$ m² so area of path = $60 - 32 = 28$ m²

Page 146   Applying Mathematics 2

1. 127
2. 335
3. (a) 25 cm²   (b) 80 cm
4. 240
5. £9
6. £1705.50
7.
8. £1144
9. He is correct
10. $\frac{23}{48}$

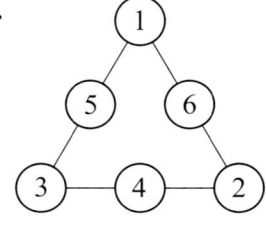

Page 148   Unit 2 Mixed Review

Part one

1. (a) $\dfrac{3}{4}$ (b) $\dfrac{6}{7}$ (c) $\dfrac{18}{19}$ (d) $\dfrac{3}{8}$

2. (a) $\dfrac{4}{5}$ (b) 9   (c) $\dfrac{1}{4}$ 3. (a) true   (b) false   (c) true

4. (a) $a = 23°$ (b) $b = 36°$ (c) $c = 67°$ (d) $d = 73°, e = 34°$

5. (a) $64\,\text{cm}^2$ (b) $42\,\text{cm}^2$ 6. $\dfrac{9}{10}$

7. Correct because $0.4 = 40\% > 30\%$ 8. $\dfrac{19}{42}$

9. The x and y values are the wrong way round.   10. $74°$

Part two

1.
$\dfrac{4}{25}$	0.16	16%
$\dfrac{7}{10}$	0.7	70%
$\dfrac{1}{4}$	0.25	25%

2. $\dfrac{3}{5}$ of £75   3. Z

4. (a) What do you call a man with a spade on his head? Doug
   (b) Without, Douglas
   (c) What do you call a dead parrot? Polygon

5. Sefton   6. (b) AB = 4.5 cm   7. $\dfrac{1}{4}$ m

8. (a) 30°   (b) 107°   (c) 6 cm   (d) 53 m   (e) 3   (f) 180°

9. (a) $34\,\text{cm}^2$ (b) $85\,\text{cm}^2$ 10. (4.9 to 5) cm

11. Triangle with angles 90°, 45°, 45°   12. (2, 0), (3, 1), (4, 2)

Page 152   Puzzles and Problems 2   Hidden Words

1. The horse is off and running.   2. You are the real top banana.   3. Anyone need a calculator?
4. Elvis was out of this world.   5. Most spiders eat raw flies.

Page 154   A long time ago! 2

2. (a) 1472   (b) 2562   (c) 4144   (d) 38484
   (e) 225568   (f) 4791773   (g) 39720   (h) 82449

Page 156   Mental Arithmetic Test 1

1. 300   2. $49\,\text{m}^2$ 3. 80   4. 2000 cm   5. 16   6. 33p
7. 40   8. £4   9. 33 euros   10. $25\,\text{cm}^2$ 11. 7   12. 0.55
13. 6   14. 135   15. 60°   16. 38 m   17. 165   18. 40
19. 86°   20 £500 000

Page 156 **Mental Arithmetic Test 2**

1. 0.03
2. 6
3. £11
4. £40
5. false
6. 11
7. 1, 2, 4, 8
8. 1.80 m
9. 0.7
10. 0.75
11. 51
12. 58%
13. $-16°C$
14. 402 012
15. 9
16. 20, 20, 2, 2, 1 or 10, 10, 10, 10, 5
17. $2\frac{1}{2}$ hours
18. 82
19. £2.31
20. 16

UNIT 3

Page 158 **Exercise 1M**

1. Prime numbers: 2, 3, 5, 7, 11, 13, 17, 19, 23, 29, 31, 37, 41, 43, 47, 53, 59, 61, 67, 71, 73, 79, 83, 89, 97
2. (a) 7 (b) 19 (c) 37 (d) 89   3. 25
4. $2 + 3 = 5, 2 + 5 = 7, 2 + 11 = 13$ (+ many others)
5. 19 and 23, 43 and 47, 79 and 83
6. (a) 11, 31, 41, 61, 71 (b) 7, 17, 37, 47, 67, 97 (c) divisible by 5
7. True   8. 48 cm   9. $3 + 5 + 11 = 19$ (+ others)

Page 160 **Exercise 2M**

1. (a) 5   (b) 7   (c) 2 and 4   2. 18
3. Not correct. 8 does not divide into 36.
4. (a) 1, 2, 5, 10   (b) 1, 2, 3, 6, 9, 18   (c) 1, 2, 4, 8, 16, 32
   (d) 1, 31   (e) 1, 3, 7, 9, 21, 63   5. 6, 8   6. 10, 20, 30
7. (a) 24, 60, 120   (b) 4, 6   8. 18, 12   9. 30, 60, 90
10. Mary 3, Lana 2
11. (a) 7, 56, 42, 8, 48, 6
    (b) 9, 36, 45, 4, 20, 5
    (c) 12, 84, 60, 7, 35, 5
    (d) 9, 18, 99, 2, 22, 11

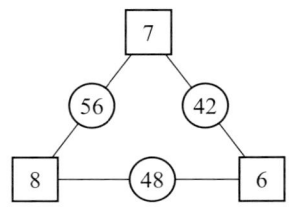

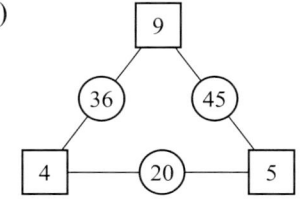

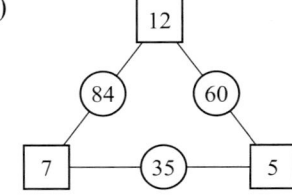

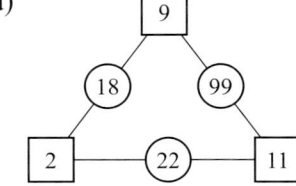

Page 162 **Exercise 3M**

1. (a) 30, 2—15, 3—5 (b) 70, 5—14, 2—7 (c) 100, 10—10, 2—5, 2—5
2. (a) $2 \times 3 \times 5$ (b) $2 \times 5 \times 7$ (c) $2 \times 2 \times 5 \times 5$
3. Both trees are correct because they give the same answer
4. (a) $2 \times 2 \times 7$ (b) $2 \times 2 \times 2 \times 2 \times 2$ (c) 2×17
   (d) $3 \times 3 \times 3 \times 3$ (e) $2 \times 2 \times 3 \times 7$ (f) $2 \times 2 \times 2 \times 3 \times 3 \times 3$
   (g) $2 \times 3 \times 7 \times 7$ (h) $2 \times 2 \times 2 \times 5 \times 5$
5. $a = 6, b = 30, c = 21, d = 630$ 6. $2 \times 2 \times 2 \times 2 \times 2 \times 7 \times 11$

Page 163 **Exercise 4M**

1. (a) 3, 6, 9, 12, 15, 18 (b) 5, 10, 15, 20, 25, 30 (c) 15
2. (a) 4, 8, 12, 16 (b) 12, 24, 36, 48 (c) 12
3. (a) 18 (b) 24 (c) 70 (d) 12 (e) 30 (f) 252
4. 12 5. e.g. $x = 12, y = 18$ 6. 6
7. (a) 6 (b) 11 (c) 9 (d) 6 (e) 12 (f) 10
8. e.g. $n = 60$ 9. (a) 6 (b) 40 (c) 11, 22 (+ others) (d) 2, 5
10. 70 11. 1:50 pm

Page 164 **Exercise 5M**

1. (a) 25 (b) 64 (c) 100 (d) 1 2. (a) 25 (b) 14 (c) 181
3. (a) $4 + 9$ (b) $9 + 64$ (c) $4 + 36$ (d) $81 + 100$
   (e) $25 + 100$ (f) $16 + 81$ (g) $25 + 49$ (h) $49 + 64$
5. (a) 64 (b) 81 (c) 169 6. 8, 84 7. 64
8. (a) 125 (b) 343 (c) 1000 (d) 216
9. (a) 2, 4, 8, 16 (b) 2, 3, 7 (c) 3, 9, 15, 21 (d) 4, 9, 16, 64
   (e) 8, 64, 1000 10. 1, 64

Page 166 **Exercise 6M**

1. (a) $16 - 9$ (b) $81 - 1$ (c) $100 - 16$ (d) $400 - 100$
2. (a) 9, 3^2, 16, 4^2 (b) $1 + 3 + 5 + 7 + 9 = 5^2$, $1 + 3 + 5 + 7 + 9 + 11 = 6^2$,
   $1 + 3 + 5 + 7 + 9 + 11 + 13 = 7^2$, etc.
3. (a) No (b) No 4 (a) 7 (b) 11 (c) 13

5. (a) 5 (b) 9 (c) 7 (d) 1   **6.** (a) 7 (b) 14 (c) √441 (d) √10.89

7. 125, 64   **8.** 13 + 15 + 17 + 19 = 64 = 4³, 21 + 23 + 25 + 27 + 29 = 125 = 5³, 31 + 33 + 35 + 37 + 39 + 41 = 216 = 6³

9. 8   **10.** 385 cm²

Page 167   **Satisfied numbers** [Other solutions are possible]

1.

	Number between 5 and 9	Square number	Prime number
Factor of 6	6	1	3
Even number	8	4	2
Odd number	7	9	5

2.

	Prime number	Multiple of 3	Factor of 16
Number greater than 5	7	9	8
Odd number	5	3	1
Even number	2	6	4

3. Many solutions

Page 168   **Happy numbers**

The Happy numbers are:- 1, 7, 10, 13, 19, 23, 28, 31, 32, 44, 49, 68, 70, 79, 82, 86, 91, 94, 97, 100
Encourage pupils to find 'short cuts'. E.g. if 23 is happy, so is 32.

Page 169   **Need more practice with properties of numbers?**

1. 3 and 19, 5 and 17   **2.** 118   **3.** (a) multiple (b) factor (c) factor (d) factor

4. 12 and 24 or 48 and 96 (+ others)

5. (a) 1, 2, 5, 10, 25, 50   (b) 1, 2, 4, 11, 22, 44   (c) 1, 2, 4, 5, 10, 20, 25, 50, 100   (d) 1, 29

6. 1   **7.** 4 (factors 1, 2, 4)   **8.** 100 = 4 × 25 not 3 × 25

9. (a) 2 × 2 × 3 × 5   (b) 2 × 3 × 5 × 7   (c) 2 × 3 × 5 × 13   (d) 2 × 2 × 2 × 2 × 7

10. (a) 49 − 4   (b) 36 − 4   (c) 64 − 25   (d) 121 − 16

11. 31, 37

Page 170   **Extension questions with properties of numbers**

1. (a) 6 [1, 2, 3, 6]   (b) 16   **2.** (a) 21   (b) 66

3. (a) 650 = 2 × 5 × 5 × 13   (b) 65

4. (a) 1 + 9   (b) 16 + 4 + 4   (c) 36 + 9 + 1 + 1   (d) 64 + 1 + 1
(e) 81 + 16 + 1   (f) 49 + 9 + 4 + 1   (g) 100 + 16 + 4   (h) 121 + 16 + 4
(i) 225 + 196 + 1 + 1   5. 3 lengths more

6. 293, 151 and 1999 are prime

Page 171 **Exercise 1M**

1. (a) 1044   (b) 1134   (c) 7488   (d) 6624   (e) 729   (f) 7712
2. (b) remainder 2   3. (a) 32   (b) 34   (c) 37
4. (a) 544   (b) 325   (c) 24   (d) 1210
5. £62   6. 65p   7. 759   8. 29

Page 172 **Exercise 2M**

1. 22 r3   2. 37 r2   3. 42 r7   4. 31 r1   5. 32 r19
6. 15 r6   7. 37   8. £13.95   9. 13   10. 23 × 54
11. 26 and 2 left over   12. £5904   13. No, we need 12 more chairs
14. £24 480   15. 84

Page 173 **Exercise 3M**

1. (a) 4.63   (b) 0.032   (c) 2.44   (d) 0.49   (e) 1.26   (f) 0.0036
2. (a) 0.06, 0.062, 0.065, 0.53, 0.7   (b) 0.039, 0.327, 0.356, 0.38, 0.42
3. 0.4^2 greater by 0.008   4. 1.27 m   5. 13
6. Did not line up the decimal point   7. C(0.624), A(0.628), B(6.26)
8. (a) 26   (b) 260   (c) 3.25   9. £15.68   10. $0.81 \, m^2$

Page 174 **Spot the mistakes 5**

1. Confused LCM with HCF, LCM = 90   2. $3^3 = 3 \times 3 \times 3$ not 3×3
3. 55 ÷ 17 gives remainder 4 not 2   4. $0.072 = \frac{72}{1000}$ not $\frac{72}{100}$
5. Correct   6. Not prime. 51 also divisible by 3 and 17
7. $0.32 \times 0.6 = 0.192$ not 1.92   8. Correct   9. Correct
10. During 624 × 349, a mistake with 624 × 300 which equals 187 200 not 18 720.

Page 177 **Exercise 1M**

1. 79p
2. 13
3. 45 700
4. (a) 2 (b) 8
5. (a) 7 (b) 6.5 (c) 6 (d) 6
6. 23 kg
7. 66 or 5
8. (a) 26 (b) 27 (c) Nina by 1
9. 4.5; she wins
10. (a) 6 (b) 6.5

Page 178 **Exercise 1E**

1. 3, 11
2. $-2°C$
3. (a) 2 modes; 7 and 12 (b) 3, 8 and 12
4. (a) 6 (b) 14
5. (a) 11, 11, 16, 16, 15 (b) 15
6. (a) False (b) Possible (c) Possible
7. 3
8. 3
9. 22

Page 180 **Exercise 2M**

1. (a) Year 7: median = 4, range = 6 and Year 11: median = 3, range = 7
3. (a) Year 8: mean = 5.2, range = 5 (b) Year 9: mean = 4.7, range = 5
4. (a) Olga: mean = £7420, median = £7500, range = £2800
   Austin: mean = £6480, median = £6500, range = £1200
   Mia: mean = £7200, median = £7200, range = £1200
   (b) Maybe Olga (sold the most) or maybe Mia (more consistent sales and sold almost as much as Olga)
5. (a) 1.88 m (b) 0.34 m (c) 1.93 m (d) 0.14 m (e) Tipperton
6. (a) mean = £18 000, median = £13 000, mode = £12 000
   (b) mode because it is the lowest (c) mean because it is the highest

Page 182 **Need more practice with averages and range?**

1. (a) 5 (b) 3 (c) 3 (d) 7
2. No (boys mean = 14, class mean = 14.8)
3. (a) 90 (b) 205 (c) 220 (d) 193
4. 165 cm
5. He is telling the truth if he uses the median or mode (both equal 79 but the mean = 82)
6. £9
7. 3, 6, 9, 11, 11
8. 3.3
9. median (10) greater than mean (7)
10. 2, 3, 3, 3 or 3, 3, 3, 11

Page 184   **Extension questions with averages and range**

1. (a) mean = 4.7 range = 9   (b) mean = 6 range = 10

2. (a) 71 s   (b) 8 s   (c) 78 s   (d) 12 s   (e) Helen

Page 186   **Exercise 1M**

1. (a) Football   (b) 25   (c) 2   **2.** (a) 8   (b) £6.50

3. (a) 40   (b) 10   (c) 40   (d) Belair

4. 'Dog' should be 8 and use ||||| for 'cat' tally

5. (a) C   (b) D   (c) B   (d) A

6. (a) Tallies in order: E = 10, M = 10, F = 4, N = 15, S = 6

  (b) Neighbours   (c) 4

7. (a) 30   (b) Bungalow (from chart info)

  (c) Flat (eg. cheaper to buy, less room required, etc)

Page 189   **Exercise 2M**

1. (a)

Stem	Leaf
1	5
2	3 7 8 9
3	2 5 6 8 9
4	0 1 2 5 6 7 8
5	1 2 3 4 9
6	5 6

(b) 51

2. (a) 49   (b) 17   (c) 56

3.

Stem	Leaf
1	4 8
2	4 4 8
3	1 3 3 7 8
4	0 5 5 6 6 7 9
5	1 2 5 8
6	2 3 7

(a) 4.5   (b) 5.3

Key: 3|7 means 3.7

4. (a)

8:30 am Stem	Leaf
2	0 4 5 8
3	1 7 9
4	0 4 5 6
5	2 5 8 9
6	1 5 7 8
7	3 5

Key: 5|8 means 58 years old

7:45 pm Stem	Leaf
2	2 8 9
3	0 5 8
4	1 4 6 7 7
5	3 4 9 9
6	7
7	2

Key: 4|7 means 47 years old

(b) 8:30 am: median = 46, range = 55 and 7:45 pm: median = 46, range = 50

5. (a)

Stem	Leaf
3	5 5 6 6 6 8 9 9
4	0 0 1 3 3 4 5 5 5 6 8 8
5	2 6 6 9
6	3 8 8
7	2
8	
9	1

Key: 4|8 = 4.8 cm

(b) Lengths generally greater in pond A (higher median and more consistent with a lower range.)
Pond A: median = 5.8, range = 4.7
Pond B: median = 4.5, range = 5.6

Page 191 Exercise 3M

1. (a) Frequencies: 2, 4, 8, 8, 5, 3   (c) 24

2. (a) 7   (b) 7   (c) 19

3. (a) Frequencies: 9, 8, 5, 3, 1, 1

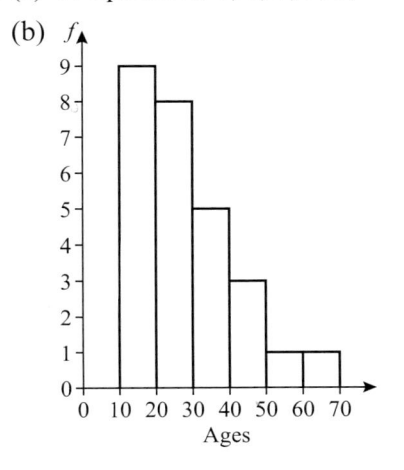

(b) [histogram of ages with frequencies 9, 8, 5, 3, 1, 1 for intervals 0–10, 10–20, 20–30, 30–40, 40–50, 50–60]

(c)

Stem	Leaf
1	1 1 2 3 3 3 5 7 7
2	0 0 0 2 4 4 9 9
3	2 4 4 5 8
4	1 5 5
5	4
6	3

Key: 4|5 means 45 years old

(d) 24

(e) Stem and leaf diagram – can still see the actual data values, eg. to find the median

(f) the number of people decreases as the age increases.

4. Pigs' weight has increased on high fibre diet.

Page 193   Exercise 4M

1. (a) $\frac{1}{4}$ (b) $\frac{1}{8}$ (c) 10

2.

Method	car	walk	train	bus
Number of people	40	10	20	10

3. (a) 50   (b) 75

4. (a) USA   (b) Greece or USA   (c) 25

5. (a) £120   (b) £240   (c) she is £70 short

6. 150°   **7.** 15

8. Correct (56 pupils chose PE in Year 7 and 45 pupils chose PE in Year 8)

Page 195   Need more practice with displaying and interpreting data?

1. (a) 30 cm   (b) June   (c) December   (d) April, May, July, September   (e) 15 cm

2. (a) 5   (b) 30

4. (a) No. Median = 31.5   (b) Key missing

5. Yes, there was some improvement in group X   **6.** 18

7. (a) Warm and dry   (b) Wednesday

(c) Both days had little rain but higher temperature on Saturday

8. (a) Frequencies: 1, 4, 3, 5, 7   (c) 65.5   (d) Stem and leaf

9. 135°

Page 197   Extension questions with displaying and interpreting data

1. Yes. The pills did help to improve memory.

2. (d) corn 160°, carrots 70°, pigs 130°

3. Jack 125°, Abi 185°, Charlotte 50°

4.

Programme	Angle
News	40°
Soap	100°
Comedy	80°
Drama	100°
Film	40°

5.

Sport	Angle
Rugby	75°
Football	105°
Tennis	60°
Squash	30°
Athletics	45°
Swimming	45°

6.

Subject	Angle
Maths	45°
English	45°
Science	54°
Humanities	36°
Arts	36°
Other	144°

7. 1 minute = 6°

8. each hour = 15° so school should = 90° and 'chill' time should = 60°

Page 200   Exercise 1M and 2M

For discussion

Page 202   Exercise 3M

5. Theory says 50 of each but for 100 throws, the chance is that there will not be exactly 50 of each.

6. Not fair. The 3 has come up a quarter of the time which is far more than would be expected.

Page 203   Exercise 4M

1. (a) $\frac{1}{2}$ (b) $\frac{1}{2}$ (c) $\frac{1}{6}$ (d) $\frac{1}{8}$

2. (a) $\frac{6}{11}$ (b) $\frac{3}{11}$ (c) $\frac{1}{11}$ **3.** $\frac{1}{7}$ **4.** (a) $\frac{1}{8}$ (b) $\frac{1}{2}$ (c) $\frac{5}{8}$

5. Not correct. Different skill levels, etc.

6. (a) $\frac{7}{12}$ (b) $\frac{1}{6}$ (c) $\frac{5}{12}$ (d) $\frac{7}{12}$ **7.** (a) $\frac{4}{11}$ (b) $\frac{7}{11}$

8. (a) $\frac{2}{11}$ (b) $\frac{4}{11}$ (c) $\frac{5}{11}$

9. Helga because p(red) = $\frac{6}{20}$ $\left(\text{p(red)} = \frac{5}{20} \text{ for Suraj}\right)$

10. $\frac{1}{3}$ of 14 is not a whole number of balls.

Page 205   Need more practice with probability?

1. (a) $\frac{3}{5}$ (b) $\frac{1}{3}$ (c) 1 (d) $\frac{11}{12}$ **2.** $\frac{1}{6}$

3. (a) $\frac{1}{9}$ (b) $\frac{1}{3}$ (c) $\frac{5}{9}$ **4.** Mark on $\frac{3}{10}$

5. (a) $\frac{1}{6}$ (b) $\frac{1}{6}$ (c) $\frac{2}{3}$ **6.** blue $\left(\frac{8}{24} = \frac{1}{3}\right)$

7. (a) $\frac{1}{4}$ (b) $\frac{3}{8}$ (c) $\frac{1}{2}$ (d) $\frac{1}{8}$ (e) $\frac{7}{8}$

8. Yes, fair (Tails comes up about $\frac{1}{2}$ the time as expected)

9. $\frac{1}{3}$ **10.** 0

Page 206   Extension questions with probability

1. (a) $\frac{1}{8}$ (b) $\frac{1}{8}$ (c) $\frac{1}{4}$ (d) $\frac{1}{2}$

2. (a) $\frac{1}{10}$ (b) $\frac{7}{50}$ (c) $\frac{3}{10}$ (d) $\frac{1}{10}$ (e) $\frac{3}{50}$ (f) $\frac{1}{50}$

3. Not correct. No guarantee that Optimist will win the next race.

4. Fiona with p(yellow) = $\frac{21}{36}$ (p(yellow) = $\frac{20}{36}$ for Hector)

5. (a) $\frac{5}{26}$ (b) $\frac{1}{26}$ (c) $\frac{3}{26}$ (d) $\frac{5}{26}$ 6. 0.5

7. (a) $\frac{1}{10}$ (b) $\frac{3}{5}$ (c) $\frac{5}{49}$ 8. (a) 2, 4, 6, 8, 10

9. equally likely (both $\frac{9}{16}$)   10. (a) $\frac{5}{n}$ (b) $\frac{n-5}{n}$

Page 208   Spot the mistakes 6

1. No. Mode = 7 but median = 8

2. No. Do not know how many students in each school.

3. No. Answer is $\frac{4}{12} = \frac{1}{3}$ 4. No. Mode is 2 pets.

5. No. Must use all 10 scores so mean = (34 × 9 + 49) ÷ 10 = 35.5

6. Correct

7. Wrong. Someone could be both left-footed and wearing orange football boots.

8. Wrong. Only 8 in the $20 \leq A < 30$ interval and 5 in the $30 \leq A < 40$ interval. Probably put 30 in the wrong interval.

9. Correct

10. Correct. Mean = 23.45 and median = 23.45

Page 212   Applying mathematics 3

1. £4.25   2. Yes (area of land = 4000 m²)

3. (a) 564   (b) 530   (c) 20   (d) 195   (e) 670   (f) 96

4. $\frac{4}{15}$ cm²   5. 10   6. 54 × 3 = 162

7. Not correct. $(-3)^2 + 4 = 9 + 4 = 13$ 8. 438

9. 135°   10. (a) $y = x - 2$ (b) $y = x + 3$ (c) $y = 2x$ (d) P and R

Page 214   Unit 3 Mixed Review

Part one

1. (a) 4, 8, 12, 16, 20   (b) 1, 2, 3, 4, 6, 12   (c) 2, 3
2. $\frac{5}{6}$
3. £27   4. $112 = 2 \times 2 \times 2 \times 2 \times 7$ 5. $\frac{1}{3}$
6. (a) 96   (b) 121
7. (a) 7.1   (b) 100   (c) 10   (d) 1000   (e) 100   (f) 100
8. (a) 18   (b) 36   (c) 9
9. (a) true   (b) false   (c) true
10. (a) 6   (b) 6   (c) 7   (d) 14
11. (a) 16   (b) 20   (c) 44
12. 6

Part two

1. (a) $\frac{1}{6}$ (b) $\frac{1}{8}$ (c) 1
2. 349 boxes
3. (a) 231   (b) 225
4. 6110 seconds
5. (a) 4, 8, 12, 16, 20, 24, 28   (b) 7, 14, 21, 28, 35, 42   (c) 28
6. (a) stationary   (b) filled with fuel   (c) half a tank   (d) 1800
7. (a) $\frac{1}{2}$ (b) $\frac{1}{3}$ (c) $\frac{6}{7}$ 8. 60
9. (a) 55p   (b) £2.25   10. 5, 11   11. Correct (both $\frac{5}{12}$)
12. difference = 0.0135 (median = 1.82, mean = 1.8065)

Page 217   Puzzles and Problems 3

1. (a) A = 7, B = 5, C = 8, D = 10   (b) A = 6, B = 2, C = 5, D = 4, E = 8
   (c) A = 6, B = 3, C = 1, D = 5   (d) A = 8, B = 3

2. (a) triangle with 28 (top), 7, 4, 196
   (b) triangle with 12 (top), 6, 2, 72
   (c) triangle with 21 (top), 3, 7, 63

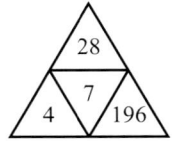

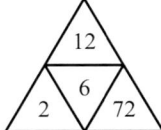

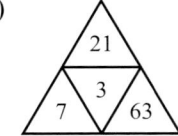

(d) Triangle with 40, 5, 200, 8

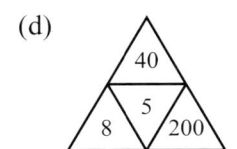

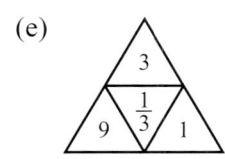

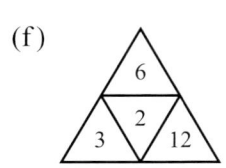

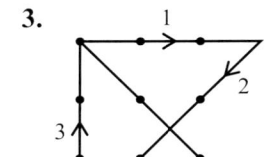

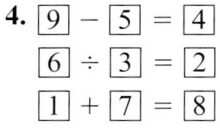

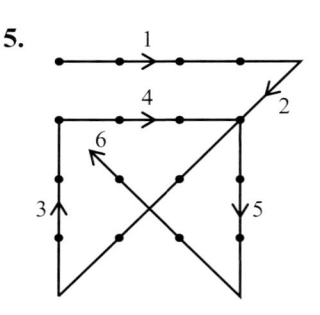

(e) Triangle with 3, 1/3, 9, 1

(f) Triangle with 6, 2, 3, 12

3. [diagram]

4. $\boxed{9} - \boxed{5} = \boxed{4}$
   $\boxed{6} \div \boxed{3} = \boxed{2}$
   $\boxed{1} + \boxed{7} = \boxed{8}$

5. [diagram]

Page 219   ***A long time ago! 3***

Exercise

1. £7 9s. 4d.
2. £10 6s. 11d.
3. £13 11s. 2d.
4. £4 5s. 6d.
5. £8 14s. 4d.
6. £6 8s. 6d.
7. 48
8. 42
9. 5s. 6d.
10. 4d.
11. 6d.

Page 220   ***Mental Arithmetic Test 1***

1. £45
2. 350
3. 20%
4. £6.31
5. 40
6. 70°
7. 5:35 pm
8. 100
9. 8.5
10. 24 cm²
11. south-west
12. 13
13. 5p, 5p, 5p, 5p, 1p
14. $\frac{1}{2}$
15. 8 cm
16. 45
17. 3600
18. false
19. £40 000
20. 11

Page 221   ***Mental Arithmetic Test 2***

1. 56 m²
2. 700
3. 8
4. 3209
5. 36
6. 20
7. 9990
8. 5
9. 500 ± 50
10. $\frac{5}{6}$
11. 0.7
12. 1 million
13. 30
14. 0.47
15. isosceles
16. 8
17. 1000
18. 70%
19. 6
20. 4 h

UNIT 4

Page 222   ***Exercise 1M***

1. (a) $\frac{3}{5} = \frac{6}{10} = 0.6$ (b) $\frac{11}{20} = \frac{55}{100} = 0.55$

(c) $0.9 = \dfrac{9}{10} = \dfrac{90}{100} = 90\%$ (d) $0.17 = \dfrac{17}{100} = 17\%$

2. $\dfrac{1}{20}$

3. (a) 0.37   (b) 0.6   (c) 0.06   (d) 0.19   (e) 0.45

4. (a) false   (b) false   (c) true   (d) true   (e) true   (f) false

5. (a) $\dfrac{4}{5}$ (b) $\dfrac{47}{100}$ (c) $\dfrac{4}{25}$ (d) $\dfrac{17}{20}$ (e) $\dfrac{3}{4}$

6. 9 out of 20   **7.** $\dfrac{64}{100}, \dfrac{128}{200}, \dfrac{16}{25}$

8. (a) $\dfrac{49}{100}$ (b) $\dfrac{2}{25}$ (c) $\dfrac{14}{25}$ (d) $\dfrac{3}{20}$ **9.** Ursula

10. $0.3 = \dfrac{3}{10} = \dfrac{30}{100} = 30\%$ **11.** (a) $\dfrac{3}{4}$ (b) 75%

12. $\dfrac{17}{20}, 0.85, 85\%$ $\dfrac{4}{5}, 0.8, 80\%$ $\dfrac{1}{4}, 0.25, 25\%$ $\dfrac{3}{25}, 0.12, 12\%$ $\dfrac{22}{25}, 0.88, 88\%$

Page 224   **Exercise 2M**

1. $66\tfrac{2}{3}\%$ **2.** $\dfrac{1}{5}$ **3.** (a) $\dfrac{1}{4}$ (b) 25%   **4.** (a) $\dfrac{2}{5}$ (b) 40%

5. (a) $\dfrac{2}{3}$ (b) $66\tfrac{2}{3}\%$ **6.** (a) $\dfrac{7}{10}$ (b) 70%   **8.** 70%

9. (a) 80%   (b) 60%   (c) 75%   (d) 50%   (e) $33\tfrac{1}{3}\%$

10. 15   **11.** (a) 25%   (b) 75%   (c) 60%   (d) 20%   (e) 44 litres

Page 226   **Exercise 3M**

1. (a) £15   (b) £18   (c) £7   (d) £14   (e) £27   (f) £20

2. 36   **3.** 20   **4.** 132   **5.** £9   **6.** £3120

7. £8460   **8.** 3200   **9.** £46   **10.** 57 kg   **11.** £130

12. £6   **13.** (a) £49   (b) £342   (c) £480

14. (a) £624   (b) £288   (c) £1680   (d) £780

Page 227   **Exercise 4M**

1. £26   **2.** (a) £3.75   (b) £3.70   (c) £0.49   (d) £1.80

3. (a) £36.80   (b) £20.70   (c) £76.80   (d) £2774   (e) £96.90   (f) £1128

4. 2.94 kg   **5.** £182.40   **6.** 84.8 kg   **7.** 324

8. 9% of £21   **9.** £363.80   **10.** £239.20

44

11. (a) £213.90   (b) £697.50   (c) £437.10   (d) £799.80

12. (a) £81.20   (b) £186.20   (c) £201.60

13. Not correct. Different numbers of boys and girls. One less child overall after changes.

14. £202 207.50   **15.** 89.424 (might have expected 90?)

Page 229   Need more practice with percentages?

1. (a) £160   (b) £22   (c) £280   (d) £12   (e) £4   (f) £12

2.

$\frac{7}{10}$	0.7	70%
$\frac{6}{25}$	0.24	24%
$\frac{23}{50}$	0.46	46%
$\frac{19}{20}$	0.95	95%
$\frac{3}{20}$	0.15	15%

3. 10%   **4.** 448   **5.** 25% of £60

6. (a) 34%   (b) 76%   (c) 65%   (d) 45%

7. (b)   **8.** 60%

9. (a) £42   (b) £24   (c) £560   (d) £58 900

10. (a) 2190 kg   (b) 74.2 km   (c) $7.05   (d) 14.62 km   (e) 282 m   (f) 6958 g

11. £136 240   **12.** £5 (>£3.60)

Page 230   Extension questions with percentages

1. 286   **2.** eg. 60% of £40, etc.   **3.** £702

4. £48.30   **5.** 1.7874 m

6. (a) $\frac{7}{10}, \frac{3}{4}, 0.8$ (b) $\frac{11}{20}, 0.57, 60\%$ (c) $\frac{1}{5}, 24\%, \frac{1}{4}$ (d) $0.8, 82\%, \frac{21}{25}$

7. 40.56 cm^2 **8.** Yes, he still makes £1.60 per fleece

9. A(14), B(16), C(16.1)   **10.** B greater by £2.70

11. Yes with £1.50 left over   **12.** £18.33

Page 232   Exercise 1M

1. $\frac{17}{40}$ **2.** (a) $\frac{1}{4}$ (b) $\frac{3}{8}$ **3.** $\frac{1}{4}$ **5.** 32%   **6.** 60%

7. 240 dollars **8.** 153 euros **9.** 192 dollars **10.** 96 litres

11. 7840 yen **12.** (a) 180 hens (b) 9 days

Page 233 **Exercise 2M**

1. £100 **2.** £1.71 **3.** £770 **4.** £75

5. £294 **6.** 3200 **7.** £750 **8.** £18

9. Box of 36 is better value (8p per cookie compared to 9p in the smaller box).

10. Yes – only 450 g flour needed **11.** 10 **12.** 7 boxes weigh 0.9 kg more

13. (a) 21 hours (b) assuming the same rule of painting at all times

14. (a) 400 g butter, 200 g caster sugar, 400 g soft brown sugar, 100 g black treacle, 700 g flour, 4 tablespoons ground ginger.

  (b) Yes. (37.5 g of black treacle needed) (c) 30

Page 235 **Exercise 3M**

1. 11:16 **2.** 5:3 **5.** 19:14 **6.** 2:3 **7.** 1:3 **8.** 5:7

9. (a) 1:4 (b) 4:5 (c) 1:11 (d) 4:3 (e) 5:4:3

  (f) 3:5 (g) 13:5 (h) 2:3:10 (i) 5:15:33

10. Yes 1:1 would mean they are the same age

11. (a) 4 (b) 3 (c) 7 (d) 15 (e) 3 (f) 4

12. 4:3

Page 236 **Exercise 4M**

1. (a) £10:£40 (b) £30:£20 (c) £15:£35

2. (a) £30:£45 (b) £33:£42 (c) £40:£35

3. (a) 16 (b) 12 **4.** 12 litres **5.** 18 **6.** £40

7. 81 **8.** 63 **9.** £10 **10.** 12 **11.** 30 hours

12. £45 **13.** 360 ml **14.** $\frac{1}{5}$

Page 237 ***Need more practice with proportion and ratio?***

1. $\frac{3}{5}$ **2.** £9.60 **3.** (a) $\frac{3}{10}$ (b) $\frac{2}{5}$ **4.** 175 **5.** 21:16

6. $\frac{2}{7}$ **7.** 480 **8.** Not correct. 24:16:30 = 12:8:15

9. £90 **10.** £336

Page 238   Extension questions with proportion and ratio

1. Cerys – should be 50:1
2. (a) 12:1   (b) 20:1   (c) 5:1   (d) 4:1   (e) 7:1   (f) 20:1:10
3. 72 minutes   4. 40:25 = 8:5   5. 625 g
6. '15 chocs' better value (36p per chocolate rather than 37p)
7. (a) 7:3   (b) 1:12   (c) 5:1   (d) 1:2   (e) 6:1   (f) 5:6
8. Correct   9. £350   10. 0.1 m

Page 240   Spot the mistakes 7

1. Do not divide by 5 for 5% (should be £42)   2. $\frac{3}{8}$ is blue   3. Correct
4. Do not add shares (5 shares are 40 so 1 share = 8 not 4)
5. 2% is 0.02 (should be £0.24)   6. Correct
7. 800:40 (get units the same) so 20:1   8. Jess has ignored buy one, get one free
9. Correct   10. Add 2 onto their actual ages (should be 5:1)

Page 244   Exercise 1M

1. (a) 48°   (b) 115°   (c) 33°   3. (a) 40°   (b) 110°   (c) 55°
4. (a) 7.0 cm   (b) 7.0 cm   (c) 7.4 cm   5. 8.7 cm   6. 13 km

Page 245   Exercise 2M

1. 57°   2. 29°   3. 84°   4. 103°   5. 49°   6. 98°   7. 64°

Page 246   Need more practice with constructing triangles?

1. (a) 15.0 cm   (b) 9.4 cm   (c) 11.3 cm
2. (a) 40°   (b) 40°   3. (a) 50°   (b) 65°   (c) 55°   4. 9.4 cm

Page 247   Extension questions with constructing triangles

1. 50°   2. $m = 60°, n = 120°$ 3. $x = 115°, y = 65°$
4. (a) 10.8 cm   (b) 14.1 cm
5. Possibly labelled the triangle vertices in a different order?

Page 249   Exercise 2M

1. perpendicular   2. LM perpendicular MN, ON parallel LM, OL parallel MN

3. CD perpendicular EF, AB parallel CD

4. CD and EF

5.

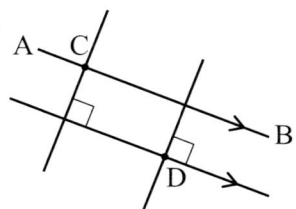

6. (a) WZ   (b) WX

8. 4

10.

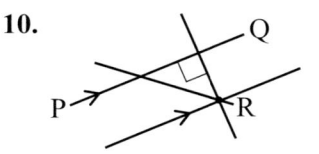

Page 252   Exercise 3M

1. Scalene – B, E: isosceles – C, G, H, J; equilateral – F; right-angled – A, D, I

2. Correct – two angles equal 70°   3. kite   4. B

5. change all angles into right angles

6. both shapes have one pair of parallel sides only   7. kite

8. (a) trapezium   (b) kite   (c) regular hexagon   (d) square
   (e) rectangle   (f) equilateral triangle   (g) heptagon   (h) regular pentagon
   (i) rhombus   (j) regular decagon   (k) trapezium   (l) pentagon
   (m) isosceles triangle   (n) quadrilateral   (o) parallelogram   (p) regular octagon
   (q) hexagon   (r) trapezium   (s) rectangle   (t) parallelogram

Page 253   Need more practice with two dimensional shapes?

1. diagonals are perpendicular, diagonals bisect each other

2. trapezium, parallelogram, kite, rhombus

3. example:

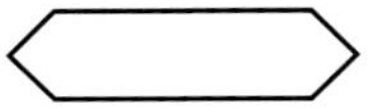

4. A – square, B – rhombus, C – kite, D – parallelogram, E – trapezium, F – rectangle

6. No   7. Yes   8. No, eg,

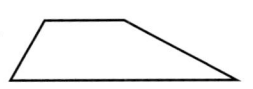

Page 255 **Extension questions with two dimensional shapes**

Investigation triangles and quadrilaterals

A. Eight different triangles:

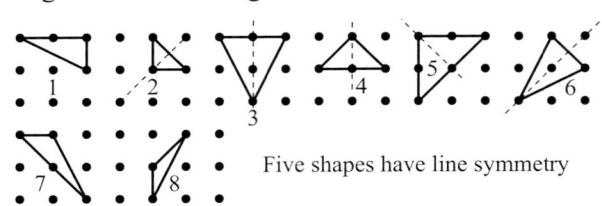

Five shapes have line symmetry

B. Sixteen different quadrilaterals:

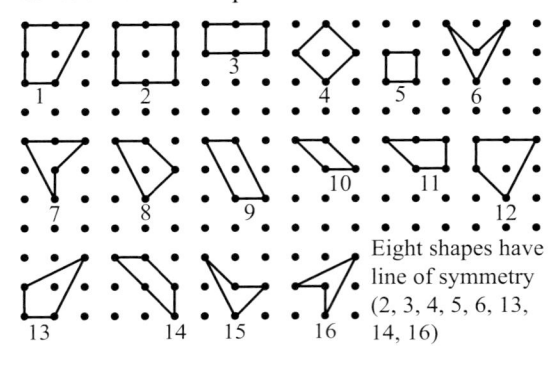

Eight shapes have line of symmetry (2, 3, 4, 5, 6, 13, 14, 16)

Page 257 **Exercise 1M**

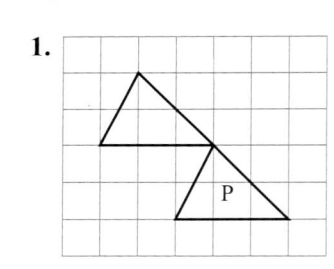

1.

2. (a) $\begin{pmatrix} 2 \\ -3 \end{pmatrix}$ (b) $\begin{pmatrix} 5 \\ 3 \end{pmatrix}$ (c) $\begin{pmatrix} -4 \\ 1 \end{pmatrix}$ (d) $\begin{pmatrix} -7 \\ 0 \end{pmatrix}$

3. (e) $\begin{pmatrix} 2 \\ -4 \end{pmatrix}$

4. (a) $\begin{pmatrix} -5 \\ 1 \end{pmatrix}$ (b) $\begin{pmatrix} -4 \\ -5 \end{pmatrix}$ (c) $\begin{pmatrix} 5 \\ 0 \end{pmatrix}$ (d) $\begin{pmatrix} 7 \\ -4 \end{pmatrix}$ (e) $\begin{pmatrix} -7 \\ 4 \end{pmatrix}$ (f) $\begin{pmatrix} -1 \\ -7 \end{pmatrix}$ (g) $\begin{pmatrix} 2 \\ 1 \end{pmatrix}$

5. $\begin{pmatrix} 5 \\ -3 \end{pmatrix}$ 6. (a) E   (b) C   (c) F   (d) E

7. $\begin{pmatrix} 1 \\ 2 \end{pmatrix} \begin{pmatrix} 5 \\ 0 \end{pmatrix} \begin{pmatrix} 0 \\ -3 \end{pmatrix} \begin{pmatrix} -2 \\ 0 \end{pmatrix} \begin{pmatrix} 0 \\ 2 \end{pmatrix} \begin{pmatrix} -2 \\ 0 \end{pmatrix} \begin{pmatrix} -1 \\ -2 \end{pmatrix} \begin{pmatrix} -1 \\ 1 \end{pmatrix}$ 8. $\begin{pmatrix} 5 \\ 8 \end{pmatrix}$

Page 260 **Exercise 1M**

1. 3   2. 4   3. 5   4. 9   5. 2   6. 3   7. 6   8. 28   9. 17

Page 260 **Exercise 1E**

1. 19 possible designs

Page 262 ***Exercise 2M***

3. 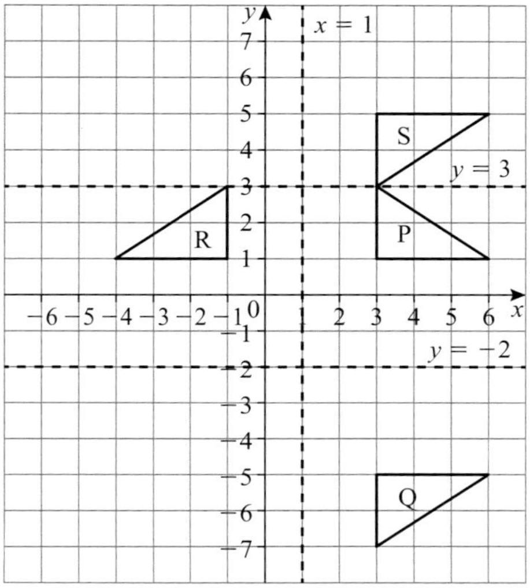

4. (d) Back in the original position (reflected across the same mirror line in both directions)

5. (a) $y = 4$

(b) y-axis ($x = 0$)

(c) $y = -4$

(d) $x = -1$

(e) x-axis ($y = 0$)

Page 264 ***Exercise 1M***

10. 90° CW **11.** 90° ACW **12.** 180° **13.** 90° ACW **14.** 180°

15. 270° CW (or 90° ACW)

Page 265 ***Exercise 2M***

5. (a) U (b) T (c) R (d) T (e) T

Page 266 ***Exercise 3M***

1. (b) $(-4, 5)$

2. 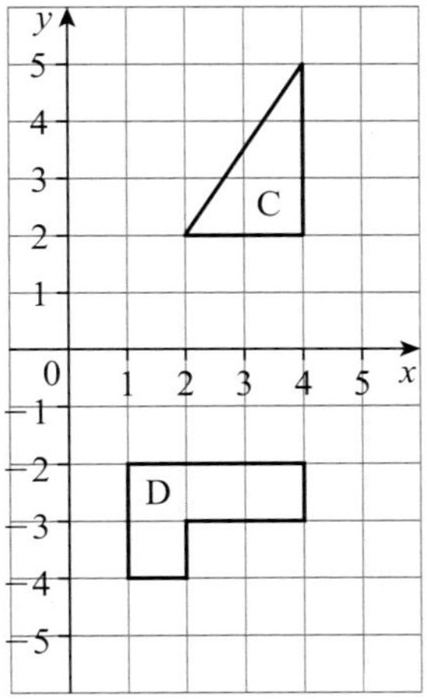

3. 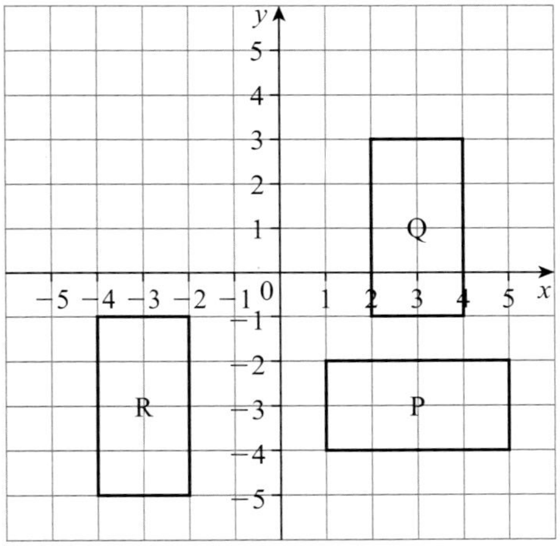

4. 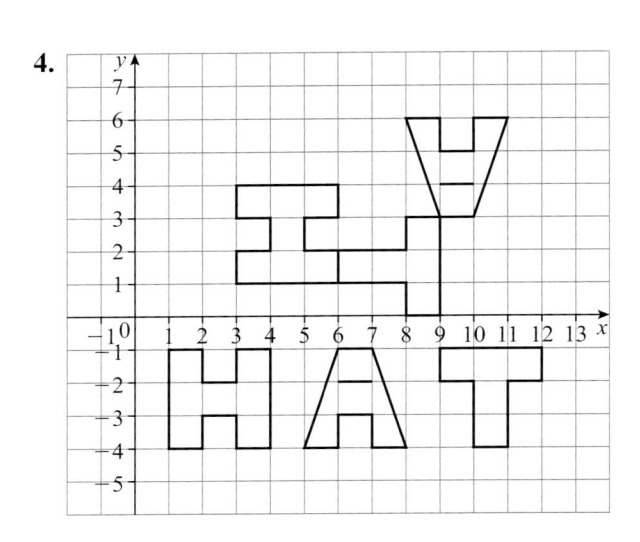 [graph showing letters "HI", "Y", "HAT" on coordinate plane]

5. It has turned upside down.

Page 268   **Exercise 4M**

1. 3	**2.** No	**3.** 2	**4.** No	**5.** No	**6.** 2
7. 4	**8.** 2	**9.** 5	**10.** 8	**11.** 5	**12.** No
13. 6	**14.** 6	**15.** 4	**16.** 4		

Page 269   **Exercise 4E**

1. (a) yes   (b) 2

2. 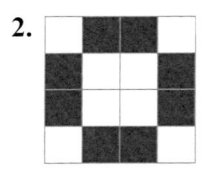 [pattern]   **3.**  [pattern]   **4.**  [pattern]

5.  [pattern]   **6.**  [pattern]   **7.** 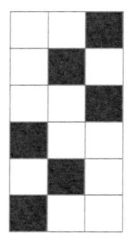 [pattern]

8. 16

Page 270 **Need more practice with translation, reflection and rotation?**

1. 10   **2.** H   **3.**

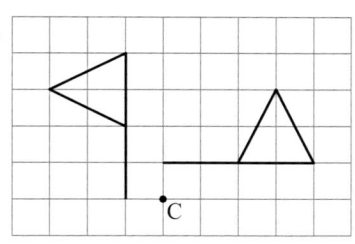

4. (a) $\begin{pmatrix} -4 \\ -1 \end{pmatrix}$ (b) $\begin{pmatrix} 4 \\ -4 \end{pmatrix}$ (c) $\begin{pmatrix} -3 \\ 0 \end{pmatrix}$ (d) $\begin{pmatrix} 3 \\ 5 \end{pmatrix}$ (e) $\begin{pmatrix} -2 \\ -4 \end{pmatrix}$ (f) $\begin{pmatrix} -2 \\ 1 \end{pmatrix}$

(f) $\begin{pmatrix} 2 \\ 6 \end{pmatrix}$

5.

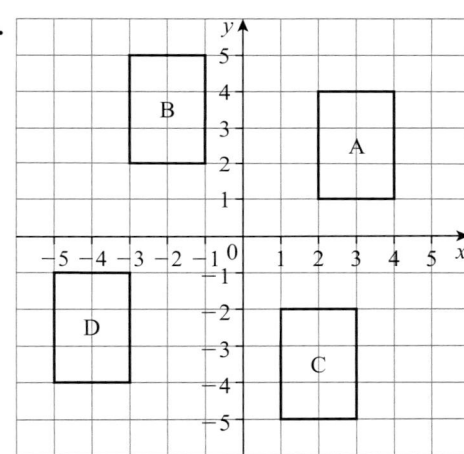

6.

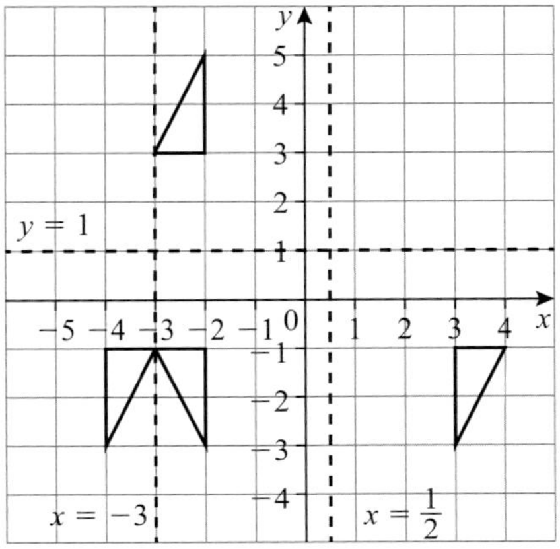

7. Back in its original position

8.

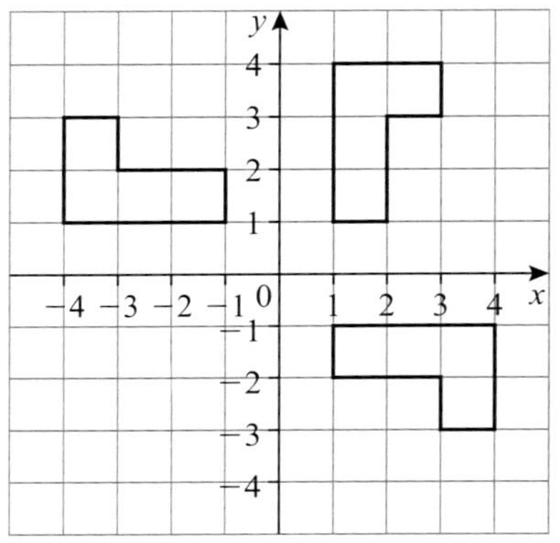

Page 271 **Extension questions with translation, reflection and rotation**

1.

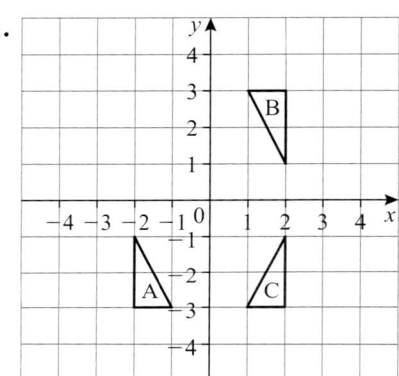

    (c) *y*-axis

2. rectangle, parallelogram, rhombus

3. (a) $y = 1$ (b) $y = -4$ (c) $x = -1$

4. $\begin{pmatrix} 3 \\ -2 \end{pmatrix}$

5. (f) *y*-axis

6. (a) translation by $\begin{pmatrix} 5 \\ 0 \end{pmatrix}$ (b) reflection in $y = -1$ (c) translation by $\begin{pmatrix} 2 \\ 2 \end{pmatrix}$

   (d) translation by $\begin{pmatrix} 0 \\ -5 \end{pmatrix}$ (e) reflection in $y = 3.5$ (f) translation by $\begin{pmatrix} -7 \\ -7 \end{pmatrix}$

7. Not correct

8.

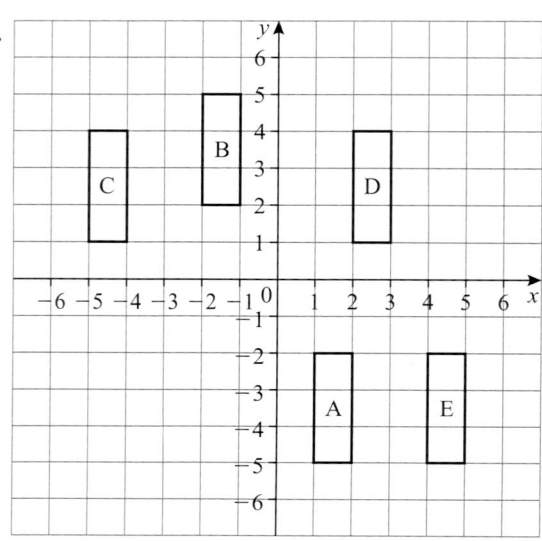

(g) $x = 3$

Page 274 **Spot the mistakes 8**

1. Has been reflected in $x = -1$
2. Only 2 lines of symmetry
3. Should be $(-2, -3)$
4. Has been rotated clockwise
5. Correct
6. No because 3 equal angles so equilateral triangle
7. No rotational symmetry (ie. order 1)
8. Triangle P has been translated by $\binom{4}{-5}$
9. 70° angle drawn incorrectly. Probably read incorrect scale on the protractor.
10. Correct

Page 277 **Applying mathematics 4**

1. 155 minutes
2. 120°
3. £1928
4. $\frac{4}{15}$
5. 2:5
6. 1476
7. 69
8.

×	3	7	8	4
5	15	35	40	20
6	18	42	48	24
9	27	63	72	36
2	6	14	16	8

9. Dom plays for 2 minutes longer
10. 36

Page 279 **Unit 4 Mixed Review**

Part one

1. £42
2. £27
3. parallelogram
5. £3.60
6. 24%
7. $\frac{7}{10}$
8. £2500
9. £44.55
10. (a), (b) [graph showing triangles A, B, C on coordinate grid]   (c) $\binom{-5}{-1}$
11. £360
12. 5.7 cm

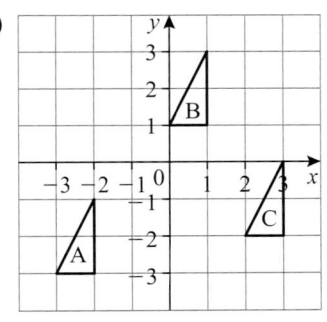

Part two

1. $\frac{7}{25}$
2. 16
3. (b) right-angled vertex $\to (1, -1)$
   (c) right-angled vertex $\to (6, 0)$
4. 18
5. 16
6. (a) 1:4 (b) 20%
7. 3
9. $x = 78° \to 79°, y = 59°$
10. 4:5

Page 284   A long time ago! 4

1. (a) 7 (b) 13 (c) 16 (d) 27 (e) 18 (f) 19
   (g) 45 (h) 72 (i) 327 (j) 94 (k) 2006 (l) 949

2. (a) VIII (b) XVII (c) XXII (d) LVIII (e) XXXIX
   (f) LXXXIV (g) LXXVIII (h) CXXIII (i) CCCXXXIX (j) MCCLXV
   (k) MLXVI (l) MMMCXCIV

4. (a) IX (b) XVII (c) XXX (d) XXXIV (e) XXXV
   (f) LIII (g) CCCXI (h) X (i) XXXVI (j) CXXXIII
   (k) XLII (l) LXXXIV (m) VIII (n) V (o) VI
   (p) IV (q) XL (r) MCCCXXXIX

Page 286   Mental Arithmetic Test 1

1. 20   **2.** 15   **3.** 36 m   **4.** North-East   **5.** 94%   **6.** $\frac{7}{10}$
7. 8:15 pm   **8.** 6204   **9.** 69   **10.** 9   **11.** 31   **12.** 7:50
13. 3p   **14.** 53   **15.** 9   **16.** 80%   **17.** 500
18. 10p, 10p, 10p, 10p or 20p, 10p, 5p, 5p   **19.** 30°   **20.** 60

Page 286   Mental Arithmetic Test 2

1. 5   **2.** 10%   **3.** £6.01   **4.** 240   **5.** 45   **6.** 2015   **7.** 22
8. 92   **9.** 9   **10.** £10.50   **11.** £25   **12.** 8   **13.** 3.5   **14.** 4500
15. 20   **16.** 65°   **17.** 1200   **18.** North   **19.** 30°   **20.** £40.11

UNIT 5

Page 288   Exercise 1M

1. (a) $3y$ (b) $8m + 2$ (c) $6x$ (d) $5w - 3$ **2.** $6m + 2p$
3. (a) $3mn$ (b) $15pq$ (c) $6m^2$ **4.** $2n + n, 3n$
5. (a) $11m + 2n$ (b) $10x + 3y$ (c) $7p + 3q$ **6.** $w = 5$
7. $a = 8$ **8.** $c = 72$ **9.** $y = 49$
10. Not correct, $2x - x = x$ **11.** $s = 8$ **12.** $C = 245$

Page 289   Exercise 2M

1. (a) $6x + y$ (b) $13m + 3$ (c) $10p + 5$

2. (a) 40np (b) 36m^2 (c) 18mnp
3. (a) 3x^2 (b) 147 cm^2 **4.** 2$w - 18$
5. $p = 47$ **6.** $f = 72$ **7.** $m = 12$ **8.** $a = 80$
9. Not correct (use any counter-example) **10.** $p = 162$
11. 16$a \times b$ **12.** $V = 34$

Page 290 **Exercise 2E**

1. (a) 4 (b) 10 (c) -21 (d) 21 (e) -6 (f) 3 (g) -8
2. (a) $x = -3$ (b) $y = -13$ **3.** $a = 2$ **4.** $w = 19$ **5.** $m = -27$
6. $h = -24$ **7.** $c = -15$ **8.** $n = -10$ **9.** $p = 36$ **10.** $a = -9$
11. $y = 30$ **12.** $p = -10$ **13.** $a = -18$ **14.** $c = 12$
15. $y = -21$ **16.** $p = -6$

Page 292 **Exercise 3M**

1. 8 **2.** 12 **3.** 20 **4.** 6 **5.** 9 **6.** 7
7. 5 **8.** 8 **9.** 6 **10.** 4 **11.** 9 **12.** 8

Page 293 **Exercise 4M**

1. 7 **2.** 13 **3.** 12 **4.** 17 **5.** 8 **6.** 10
7. 2 **8.** 8 **9.** 8 **10.** 0 **11.** 24 **12.** 12
13. 3 **14.** 3 **15.** 9 **16.** 5 **17.** 1 **18.** $\frac{1}{2}$
19. 25 **20.** 0 **21.** 6 **22.** 20 **23.** 10 **24.** 500
25. 24 **26.** 4 **27.** 20

Page 293 **Exercise 5M**

1. 38 **2.** 8 **3.** 51 **4.** 0 **5.** 7 **6.** 3
7. 84 **8.** 1 **9.** $\frac{1}{3}$ **10.** 90 **11.** 160 **12.** 103
13. 315 **14.** 27 **15.** 500 **16.** 0 **17.** 0 **18.** 60
19. 16 **20.** 39 **21.** 80 **22.** $\frac{1}{4}$ **23.** 127 **24.** 120

Page 294 **Exercise 6M**

1. 3 **2.** 7 **3.** 4 **4.** 2 **5.** 5 **6.** 9
7. 10 **8.** 1 **9.** 3 **10.** 5 **11.** 20 **12.** 6

| 13. 4 | 14. 8 | 15. 10 | 16. 7 | 17. 7 | 18. 0 |
| 19. 5 | 20. 4 | 21. 20 | 22. 50 | 23. 6 | 24. $\frac{1}{2}$ |

Page 295 **Exercise 6E**

1. 2	2. 8	3. 3	4. 10	5. 7	6. 5
7. 30	8. 8	9. 5	10. 7	11. (a) 45	(b) 30
12. 27	13. 42				

Page 296 **Exercise 7M**

1. 9	2. 6	3. 1	4. 12	5. 3	6. 5
7. 0	8. 15	9. 14	10. 9	11. 6	12. 1
13. 25	14. 9	15. 45	16. 11	17. 9	18. 22
19. 110	20. 65	21. 201			

Page 297 **Exercise 8M**

1. (a) E (b) H (c) A (d) F (e) C
2. Aaron correct because 1 must be multiplied by 4

3. $2x + 6$	4. $6x + 24$	5. $3x + 27$	6. $5x + 40$	7. $4x - 28$
8. $2x - 16$	9. $9x - 36$	10. $6x - 48$	11. $4x + 4y$	12. $7a + 7b$
13. $3m - 3n$	14. $10x + 15$	15. $24x - 42$	16. $8a + 4b$	17. $9m + 18n$
18. $4x + 12y$	19. $8m + 2n$	20. $35x - 21$	21. $24 - 8x$	22. $24 - 12x$

23. $15a + 25b$ 24. Josh is correct. Area = $7(3m - 2) = 21m - 14$

Page 298 **Exercise 9M**

1. $pq + pr$	2. $mn - mp$	3. $ab + ac$	4. $ab - ae$
5. $xy + 3x$	6. $mn - 6m$	7. $xy - 9x$	8. $pq - 5p$
9. $ac + 7a$	10. $de + 8d$	11. $a^2 + 4a$	12. $m^2 - 6m$
13. $p^2 - 2p$	14. $x^2 + 9x$	15. $7a - a^2$	16. $2x + xy$
17. $10a + 15$	18. $27m - 18$	19. $24x - 6$	20. $32n + 28$
21. $4b - b^2$	22. n multiplied by $3n$ equals $3n^2$ not $3n$		

23. (a) area P = $6n^2 + 2n$, area Q = $3n^2 + 6n$, area R = $8n^2 - 12n$
    (b) area P = 104, area Q = 72, area R = 80 so P is largest
24. (a) $n(m + 25)$ (b) $mn + 25n$ (c) £1530

Page 299 **Need more practice with algebra?**

1. 7   2. 37   3. 32   4. 9   5. 56   6. 64   7. 6
8. 6   9. 4   10. 11   11. 9   12. 11   13. Correct (both $24mn$)
14. (a) $4n$ (b) 48   15. $7y + 3x - 4y + 4x$ 16. Correct   17. 30   18. 39
19. (a) $3n + 18$ (b) $20n + 30$ (c) $n^2 + 4n$ (d) $2m^2 - 3m$ (e) $ab + 4a$ (f) $2xy - y^2$

Page 300 **Extension questions with algebra**

1. Ayden correct   2. (a) $60mn$ (b) $84mn$ (c) $28mn^2$
3. $x = 20°$ 4. (a) $\frac{1}{3}$ (b) 7.5   (c) $\frac{2}{3}$ (d) $3\frac{1}{5}$ (e) $\frac{5}{6}$ (f) 8.5
5. Not correct. Answer $= 14m - 4$ 6. width $= 9$ cm
7. 11   8. -12 9. $5(2n + 3) = 10n + 15$
10. (a) $6x + 22$ (b) $11x + 36$ (c) $17x + 47$ (d) $28x + 29$
    (e) $42x + 69$ (f) $30x + 37$ (g) $16x + 4$ (h) $64x + 6$

Page 301 **Exercise 1M**

1. (a) 32 km   (b) 40 miles   (c) 16 km   2. (a) (i) £3.60   (ii) £1.40   (iii) £3.20
   (iv) £4.60   (b) (i) 390   (ii) 190   (iii) 330   (iv) 70   (c) £3.80
3. (a) (i) 37°   (ii) 39°   (b) 10.00   (v) 9.00 and 11.00   (d) $8.30 - 9.00$
4. (a) 50p   (b) 30 seconds   (c) 75 seconds
5. (a) (i) £200   (ii) £600   (iii) £400   (b) £200

Page 303 **Exercise 2M**

1. (a) about 2.6 pounds   (b) about 0.9 kg
   (c) eg. find 2 kg in pounds then multiply by 4   (d) eg. find 5 pounds in kg then multiply by 4
   (e) 23 pounds greater (10 kg = 22 pounds)
2. (a) 25°C   (b) 59°F   3. (b) £23

Page 304 **Exercise 3M**

1. (a) 100 km   (b) 1 h   (c) 08.15   (d) (i) 60 km/h   (ii) 80 km/h
2. (a) 40 km   (b) 09.15   (c) (i) 100 km/h   (ii) 40 km/h   (d) $2\frac{1}{2}$ hours
3. (a) C   (b) B   (c) A   (d) D   (e) E
4. (a) $\frac{1}{2}$ hour   (b) 17.00   (c) 15.15   (d) (i) 20 km/h   (ii) 100 km/h

Page 305   Need more practice with interpreting graphs?

1. (a) 30 litres (b) 15.00 (c) 20 litres
 (d) tank filled (e) engine off (f) 60 litres

2. (a) about 3.6 litres (b) about 0.45 gallons (c) 5 gallons

3. (a) 11.00 to 11.30 and 12.00 to 12.30 (b) 5 km (c) 35 km (d) 12.5 km/h

4. (a) 1400 m (b) 1600 m (c) 1200 m (d) 11.00 and 13.00
 (e) 2400 m (f) 30 minutes (g) 3 h

Page 306   Extension questions with interpreting graphs

1. (b) 20.30   **2.** (b) 15.45   **3.** (b) 15.00   **4.** 17.00

Page 307   Spot the mistakes 9

1. $5x = 4$ not 2 so $x = \dfrac{4}{5}$ **2.** Should be \$3.60

3. Should be $4xy + 5y$ **4.** Must multiply the 5 by 3 so $6n + 15$

5. Subtract 90 from both sides not add (x should equal 18)

6. Correct   **7.** Pete is $\dfrac{n}{3}$ years old   **8.** Correct

9. $2n = 2 \times 3 = 6$ not 23 ($P = \dfrac{11}{4} = 2\dfrac{3}{4}$)   **10.** $-6 + 3 = -3$ not -9 ($y = -18$)

Page 310   Exercise 1M

1. 87 squares are shaded   **2.** (a) 83 (b) 18 (c) 69

3. 2, 3, 5, 7, 11, 13, 17, 19   **4.** Many answers, eg. $2 + 3 = 5$

5. 4, 9   **6.** (a) 1, 2, 5 (b) 20, 30   **7.** 6, 12, 18, etc   **8.** 31

Page 312   Exercise 2M

1. (a) 4, 8, 12, 16, 20, 24 (b) 5, 10, 15, 20, 25, 30 (c) 20

2. 15   **3.** 6   **4.** (a) 3 (b) 12 (c) 4

5. 6 is not a prime number   **6.** 70, 7 and 10, 2 and 5

7. (a) $2 \times 5 \times 5$ (b) $2 \times 2 \times 3 \times 3 \times 3$ (c) $2 \times 3 \times 5 \times 5$ (d) $2 \times 2 \times 3 \times 3 \times 5$

8. 500

Page 313   Exercise 3M

1. (a) 9 (b) 20 (c) 3 (d) 9 (e) 24 (f) 15 (g) 18 (h) 15

3. (a) $\frac{13}{20}$ (b) $\frac{7}{10}$ (c) $\frac{1}{3}$ (d) $\frac{19}{35}$

4. (a) 0.3 (b) 0.25 (c) 0.6 (d) 0.75 (e) 0.09 (f) 0.27
   (g) 0.5 (h) 0.25 (i) 0.12 (j) 0.16

5. (a) 20% (b) 15% (c) 4% (d) 45% (e) 22% (f) 44%

6. Isabel (70%) got 10% more than Dani (60%)

7. Correct   8. (a) $33\frac{1}{3}$% (b) 40% (c) 75% (d) 3% (e) $66\frac{2}{3}$%

9. $\frac{1}{4} \times \frac{4}{6}$ 10. (a) 60%, 0.7, $\frac{3}{4}$ (b) $\frac{1}{50}$, 0.03, 5%   (c) 23%, 0.3, $\frac{3}{9}$

Page 314 **Exercise 4M**

1. 621   2. 3456   3. 2375   4. 7704
5. (a) 375   (b) 561   (c) 1134
6. (a) 56   (b) 17   (c) 26   (d) 45
7. 5   8. 150   9. 3388 g   10. 36

Page 315 **Exercise 5M**

1. (a) 9.2   (b) 24.8   (c) 2.54   (d) 4.14   (e) 1.538
   (f) 7.8   (g) 17.6   (h) 13.7
2. (a) 6.54 + 1.73 = 8.27   (b) 4.75 + 4.35 = 9.10   (c) 6.872 + 1.219 = 8.091
3. false   4. (a) 10   (b) 1.7   (c) 1.6   (d) 0.854   (e) 1   (f) 0.02
5. 57.4 g   6. £1, 50p, 20p, 5p, 2p   7. 2.4
8. (a) 32.92   (b) 0.78   (c) 1.24   (d) 3.4   (e) 5.3   (f) 8.61
   (g) 1.42   (h) 48.12   (i) 0.36   (j) 0.024   (k) 0.00014   (l) 0.128
9. £8.40   10.

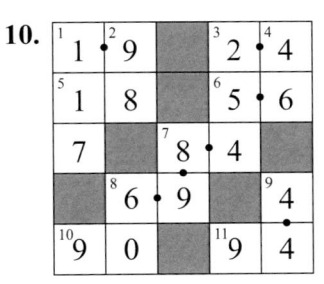

1 • 9		2 • 4
1 8		5 • 6
7	8 • 4	
	6 • 9	4
9 0		9 4

Page 316 **Exercise 6M**

1. (a) 23   (b) 46   (c) 16   (d) 64

2. (a) $\frac{1}{7}$ (b) $\frac{1}{11}$ (c) $\frac{1}{2}$ (d) 18 (e) $\frac{2}{3}$ (f) $\frac{1}{100}$
3. 9   4. 240   5. £1365
6. (a) T (b) T (c) F (d) T (e) F (f) T
7. £11 000   8. 18% of 300   9. 64.2 cm   10. 900
11. Kanu (£4500) has £60 more than Ellie (£4440)   12. £141.50

Page 317   **Exercise 7M**

1. jackets more by £30
2. (a) 3:7 (b) 2:8:3 (c) 4:3:7 (d) 5:1 (e) 15:1 (f) 2:1
3. 36 litres   4. £1600
5. Best value is 24 biscuits (11p per biscuit as opposed to 12p)
6. 324 cm² 7. £10 000   8. $\frac{7}{12}$ 9. 16   10. 230 g

Page 318   **Need more practice with number work?**

1. (a) 48 (b) 20 (c) 111 (d) 1
2. (a) $\frac{4}{5}$ (b) $\frac{3}{4}$ (c) $\frac{3}{5}$ (d) $\frac{1}{4}$ (e) $\frac{7}{9}$ (f) $\frac{9}{10}$ (g) $\frac{3}{7}$ (h) $\frac{7}{8}$ (i) $\frac{3}{7}$ (j) $\frac{1}{4}$
3. 2   4. (a) 3, 6, 9, 12, 15, 18, 21   (b) 7, 14, 21, 28, 35, 42, 49   (c) 21
5. 1147   6. £242.50   7. 0.021
8. (a) $\frac{3}{10}$ (b) $\frac{3}{4}$ (c) $\frac{3}{25}$ (d) $\frac{7}{20}$ (e) $\frac{1}{25}$ 9. £210
10. (a) $6.89 - 1.32 = 5.57$ (b) $8.73 - 3.26 = 5.47$ (c) $7.48 - 6.78 = 0.70$
11. 16   12. All except $\frac{3}{5}$ 13. (a) 25% (b) 40% (c) $33\frac{1}{3}$% (d) 2%   14. 4:6:3
15. (a) $2.4 \to 24 \to 0.24 \to 2.4$ (b) $0.43 \to 43 \to 0.043 \to 4.3$ (c) $1.4 \to 7 \to 21 \to 2.1$

Page 320   **Extension questions with number work**

1. 11, 31, 71   2. (b) 1, 11 (c) 14, 35 (d) 6, 9, 12 (e) 3, 15, 13 (f) 2, 4
3. School now has 7 more students   4. $2 \times 2 \times 5 \times 7$ 5. 1
6. (a) 0.15, 20%, $\frac{1}{4}$ (b) 0.05, 52%, $\frac{3}{5}$ (c) 66%, $\frac{2}{3}$, 0.7   7. $\frac{15}{20} = \frac{3}{4}$ m
8. (a) 0.42 (b) 0.67 (c) 0.09 (d) 0.07 (e) 0.94
9. (a) $\frac{2}{5}$, 0.4, 40% (b) $\frac{3}{20}$, 0.15, 15% (c) $\frac{3}{25}$, 0.12, 12%
   (d) $\frac{4}{25}$, 0.16, 16% (e) $\frac{1}{25}$, 0.04, 4%

10. $\frac{1}{15}$ 11. 40 12. $\frac{5}{12}$ 13. 70.4 14. 3.3712 15. £200

Page 323   **Exercise 1M**

1. (a) 2.4   (b) 8.9   (c) 4.7   (d) 12.5   (e) 16.4
3. (a) 18.8 (b) 3.6   (c) 17.1 (d) 0.8   (e) 5.4   (f) 11.3   (g) 10.3   (h) 7.1
4. (a) 9.3   (b) 59.5 (c) 0.8   (d) 129.8 (e) 1.4   (f) 11.7   (g) 22.6   (h) 27.3
5. (Teacher's note: Many 'ordinary' rulers are not very accurate! If necessary, allow for minor differences to the following answers.)
   (a) 8.0 cm   (b) 2.2 cm   (c) 10.6 cm   (d) 5.4 cm   (e) 12.5 cm
6. (a) (i) 5.0 × 2.6 cm   (ii) 5.6 × 3.7 cm   (b) (i) 13.0 cm^2 (ii) 20.7 cm^2
7. Should be 15.0 not 15

Page 324   **Exercise 2M**

1. (a) 1.92   (b) 4.07   (c) 10.00   (d) 65.37   (e) 14.04
2. (a) 1.57   (b) 19.36 (c) 0.23   (d) 2.23   (e) 1.24
   (f) 4.56   (g) 74.62 (h) 7.89
3. A 26.33 cm^2, B 20.08 cm^2
4. (a) 6.2   (b) 14.70   (c) 0.01   (d) 712.8   (e) 3.91   (f) 24.7
5. 8.15   6. 11.665   7. 40.14

Page 325   **Exercise 3M**

1. 1000   2. 70   3. 60   4. 200   5. 400
6. 30   7. 8000   8. 10 000 9. 30   10. 800 000
11. 150   12. 80   13. 60   14. 20   15. 1
16. 300   17. 0.6   18. 8000 19. £4000 20. £20

Page 325   **Exercise 4M**

1. (a) £24   (b) £23.88   2. £80   3. (a) 120 cm^2 (b) 118.34 cm^2
4. £150   5. £4800   6. £300   7. £4 000 000   8. £2000 extra
9. (a) 48.99   (b) 1.96   (c) 214.2   (d) 15.33   (e) 103.8   (f) 7.657
10. (a) 20.64 (b) 52.56 (c) 200.9 (d) 1.19   (e) 9.13   (f) 0.14

Page 326 **Need more practice with rounding numbers?**

1. (a) (i) 8 (ii) 1 (iii) 8 (iv) 5
   (b) (i) 8.4 (ii) 0.8 (iii) 7.9 (iv) 5.0
2. (a) T (b) T (c) T (d) F (e) T (f) F (g) T (h) T
3. (a) 56 800 (b) 2000 (c) 100 (d) 7200 (e) 900 (f) 9400
   (g) 300 (h) 100 (i) 800
4. (a) 7.7 (b) 14.2 (c) 28.1 (d) 0.5 (e) 6.3 (f) 15.2 (g) 12.2 (h) 6.1
5. 20   6. ≈£18 000   7. True
8. (a) 163 cm (b) 160 cm (c) 2 m

Page 327 **Extension questions with rounding numbers**

1. (a) F (b) T (c) T (d) F (e) T (f) F
2. Correct because ≈20 × 1 = 20   3. 4.7749
4. (a) 0.175 (b) 0.832 (c) 17.464 (d) 5.641
   (e) 3.066 (f) 38.174 (g) 86.827 (h) 6.932
5. 28.5 cm^2
6. (a) 5.04 (b) 23.478 (c) 17.63 (d) 81.3604 (e) 8.04 (f) 40.2
7. 3.0000
8. (a) 0.30 (b) 11.732 (c) 29.38

Page 329 **Exercise 1M**

1. (a) $\frac{1}{4}$ (b) $\frac{1}{8}$ (c) $\frac{1}{3}$ (d) $\frac{1}{2}$ 2. (a) $\frac{1}{9}$ (b) $\frac{4}{9}$ (c) $\frac{4}{9}$
3. Not correct (the 3 sectors are not of equal size)
4. (a) $\frac{1}{7}$ (b) $\frac{2}{7}$ 5. Bag A
6. Not correct (different skill levels, different slopes to the hole, etc.)
7. (a) $\frac{1}{2}$ (b) $\frac{2}{5}$ 8. (a) $\frac{1}{6}$ (b) $\frac{1}{3}$ 9. (a) 1 (b) 0
10. 29 is prime so $\frac{1}{6}$ of 29 and $\frac{1}{5}$ of 29 cannot give a 'whole number' of beads

Page 331 **Exercise 2M**

1. (a) $\frac{1}{13}$ (b) $\frac{1}{52}$ (c) $\frac{1}{4}$ 2. (a) $\frac{1}{20}$ (b) $\frac{1}{5}$ (c) $\frac{1}{5}$ (d) $\frac{1}{2}$ (e) $\frac{1}{4}$

3. (a) $\frac{5}{8}$ (b) $\frac{3}{8}$ (c) $\frac{1}{8}$ 4. $\frac{2}{3}$ 5. Welsh $\left(\frac{12}{32} = \frac{3}{8}\right)$

6. (a) (i) $\frac{2}{11}$ (ii) $\frac{3}{11}$ (b) (i) $\frac{5}{11}$ (ii) $\frac{2}{11}$

7. Alan did the experiment properly

8. (a) True; she has a $\frac{1}{6}$ chance, Ben has $\frac{1}{7}$

   (b) False; chance for Sarah is $\frac{1}{2}$ but Ben's is $\frac{3}{7}$ (c) False

9. 0.8

Page 333   Need more practice with probability?

1. (a) $\frac{3}{11}$ (b) $\frac{5}{11}$ (c) $\frac{1}{11}$ 2. (a) $\frac{5}{9}$ (b) $\frac{1}{3}$ (c) $\frac{1}{9}$ (d) $\frac{5}{11}$

3. (a) $\frac{1}{5}$ (b) 0 (c) $\frac{2}{5}$ 4. $\frac{1}{150}$ 5. not fair 6. (a) $\frac{1}{5}$ (b) $\frac{2}{5}$

7. (a) $\frac{1}{6}$ (b) $\frac{1}{2}$ (c) 0 8. $\frac{1}{55}$ 9. prime number $\left(\frac{4}{10} > \frac{3}{10}\right)$

10. (a) $\frac{1}{4}$ (b) $\frac{1}{2}$ (c) $\frac{1}{13}$ (d) $\frac{3}{13}$ (e) $\frac{1}{52}$

Page 334   Extension questions with probability

1. 1 red ball and 1 white ball
2. 2 white balls and 1 red ball
3. 2 red balls and 1 white ball
4. 1 red ball and 3 white balls
5. 6 black balls and 3 white balls
6. (a) $\frac{1}{9}$ (b) $\frac{2}{3}$
7. (a) $\frac{1}{8}$ (b) $\frac{1}{2}$ (c) 1
8. (a) $\frac{5}{7}$ (b) 0 (c) $\frac{4}{7}$
9. (a) ABC, ACB, BAC, BCA, CAB, CBA   (b) $\frac{1}{3}$ (c) $\frac{2}{3}$ (d) $\frac{2}{3}$
10. $\frac{1}{4}$

Page 335   Spot the mistakes 10

1. 1 share = 420 ÷ 5 = 84 not 30 so Russell gets £588
2. Correct but over-complicated   3. 18 does not divide into 70 four times (answer is 239)
4. 7 × 8 does not equal 54 (answer should be 2 × 2 × 3 × 3 × 3 × 3).
5. Not correct because do not know skill levels of the two players, etc.
6. Price is £20 in sale so £24 after the sale.

7. Correct

8. Numerators not changed $\left(\text{answer} = \dfrac{20}{21}\right)$

9. Decimal point in wrong place (answer = £0.34)

10. Question wants answer in metres so 2.48 m

Page 338   Applying mathematics 5

1. Nia has £27 more (£2754 − £2727)
2. (a) 574 + 322 + 147 = 1043   (b) 2324 + 3502 + 2315 = 8141
3. 35 cm² (n = 2.5)   4. 440 g
5. (a) 2010 denarii   (b) Rome   6. 112°
7. difference = 0.16 s (48.3 − 48.14)   8. 34 teams and 4 people left over
9. 9 : 10   10. (a) $\begin{pmatrix}2\\0\end{pmatrix}$ (b) BC

Page 340   Unit 5 Mixed Review

Part one

1. £8.33   2. (a) 7n + 2   (b) 4m + 9n   (c) 7c + 5   (d) 20n + 16
3. 6065   4. £36
5. (a) 30   (b) 19   (c) 25   (d) 10 is a factor of 30   6. y = 17
7. (a) 24   (b) 9   (c) 22   8. (a) 5.5   (b) 0.3   (c) 2.2
9. (a) 6x + 60 = 180 so x = 20°   (b) 50°, 40°, 90°
10. $\dfrac{2}{20} = \dfrac{1}{10}$ 11. £5.40 and £8.10
12. (a) 20°C   (b) 16°C   (c) 17.00 and 22.30   (d) 15.00   (e) 22.00
13. 105 beats per minute
14. (a) 5.35 + 3.74 = 9.09   (b) 7.98 − 3.83 = 4.15   (c) 43.7 + 26.3 = 70.0
15 Bag A $\left(\text{p(yellow)} = \dfrac{3}{8} > \dfrac{2}{8} = \dfrac{1}{4}\right)$

Part two

1. (a) $\dfrac{2}{6}$ (b) $\dfrac{2}{87}$ 2. many answers, eg. 28 + 15 − 13 = 30
3. (a) 4n + 12   (b) 4m − mn   (c) 4n² + 7n

4. (a) $\frac{1}{10}$ (b) $\frac{1}{12}$ (c) $\frac{1}{20}$ **5.** (a) 6 (b) 5 (c) 56 **6.** £33.46

7. (a) £30 (b) £36 (c) 56 dollars (d) 44 dollars (e) £50

8. (a) 4 (b) 2 (c) 2, 3, 11 (d) 15 (e) 2, 3, 8 (f) 9

9. $19:76 = 1:4$

10. (a) $\frac{13}{20}$ (b) $\frac{26}{80} = \frac{13}{40}$ (c) $\frac{35}{90} = \frac{7}{18}$ **11.** 24

12. (a) 1.75 (b) 0.037 (c) 2.73 (d) 1.3 **13.** $\frac{28}{148} = \frac{7}{37}$

14. (a) 96 cm² (b) 48 cm (c) Rotational symmetry of order 4

15. (a) $5 + 4 - 2 = 7$ or $5 + 3 - 1 = 7$ (b) $(5 + 4) \div 3 = 3$

  (c) $(4 + 2) \div (5 - 1) = 1\frac{1}{2}$ (d) $(5 + 4 + 2) \times 3 = 33$

Page 345 **Puzzles and Problems 5**

Crossnumbers

A

3	6	5	■	2	5	0	6
6	■	0	8	0	■	2	
■	5	4	1	6	■	8	3
1	8	■	9	■	4	1	■
2	■	2	2	9	■	0	8
5	■	1	■	2	6	■	7
1	1	0	1	■	4	0	0
■	8	■	1	2	8	■	3

B

3	2	5	■	4	4	4	4
2	■	0	■	4	9	■	5
■	3	0	5	5	■	2	1
9	5	■	8	■	6	0	■
9	■	1	8	0	■	7	3
9	■	0	■	6	3	■	3
9	9	0	0	■	6	2	0
■	9	■	8	5	0	■	0

C

1	2	1	■	1	4	1	5
1	■	0	■	5	5	■	6
■	2	8	8	3	■	8	0
1	1	■	5	■	3	2	■
0	■	1	6	7	■	7	1
6	■	8	■	1	5	■	5
6	9	0	0	■	1	2	1
■	6	■	5	0	0	■	2

65

Page 347   A long time ago! 5

1. Cannot be done

Page 348   Mental Arithmetic Test 1

1. £35
2. 122
3. £22
4. $\frac{7}{100}$
5. 12
6. 64
7. $\frac{1}{2}$
8. equilateral
9. 4.7
10. 1, 2, 3, 6
11. 1 h 35 min
12. 3.5 cm
13. 2400
14. 17 or 19
15. 10
16. n^2
17. £60
18. 24
19. obtuse
20. 9

Page 348   Mental Arithmetic Test 2

1. 6
2. 199
3. 380
4. 220
5. 13%
6. 1999
7. 32
8. $\frac{1}{5}$
9. £3.51
10. Hannah by 10 mins
11. 20
12. 60
13. 75°
14. 3
15. 8
16. $\frac{7}{12}$
17. 2 (or 4 for a square)
18. 185
19. 201
20. 3600

UNIT 6

Page 350   Exercise 1M

1. (a) 8000 g   (b) 1800 g   (c) 200 g   (d) 35 g
2. (a) 7000 kg   (b) 20 000 kg   (c) 6.5 kg   (d) 0.4 kg
3. 38 000 g
4. 975 g
5. (a) 2400 kg   (b) 6000 kg   (c) 20 cm   (d) 0.5 kg
   (e) 7000 ml   (f) 62 000 ml   (g) 8400 g   (h) 2.5 litres
   (i) 4.6 cm   (j) 630 cm   (k) 850 g   (l) 0.3 kg
6. 2.125 t
7. (a) 125 ml   (b) 23 g   (c) 55 820 ml   (d) 92 cm
8. should be kg
9. 13

Page 352   Exercise 2M

1. 36 litres
2. 8.8 pounds
3. 150 cm
4. 45 litres
5. 4 feet
6. 4 gallons
7. 10 miles
8. 48 km
9. 27 litres
10. 40 km
11. 20 kg
12. 50 miles
13. 10 feet
14. 4 miles
15. No
16. Luke
17. 150 miles
18. Yes
19. 800 km
20. rectangle greater by 5 cm

Page 353   Exercise 3M

1. (a) 40, 60 (b) 20
2. (a) 8, 10.5 (b) 2.5
3. (a) 3.2, 3.9 (b) 0.7
4. (a) 55, 80 (b) 25
5. (a) 0.5, 3 (b) 2.5
6. (a) 300, 450 (b) 150
7. (a) 4.7, 6.5 (b) 1.8
8. (a) 3.5, 5.3 (b) 1.8
9. (a) 400, 900 (b) 500
10. (a) 1.5, 3 (b) 1.5
11. (a) 3.8, 4.6 (b) 0.8
12. (a) 5.4, 6.7 (b) 1.3
13. (a) 1.3, 3.2 (b) 1.9
14. (a) 50, 190 (b) 140
15. (a) 3.5 (b) 125 (c) 0.5 (d) 12.5
16. (a) 2 kg (b) 10 litres (c) 4 pounds

Page 355   Exercise 4M

1. (a) 345 cm (b) 800 g (c) 5326 m (d) 4.8 cm (e) 1.565 kg (f) 55 mm
2. 2.325 kg
3. 120 cm
4. 300
5. (a) 10 000 cm^2 (b) 3400 cm^2 (c) 800 cm^2
6. 7 g
7. 4.4 cm^2

Page 356   Need more practice with metric and imperial units?

1. (a) 2 km (b) 4.6 km (c) 0.75 km (d) 300 km
2. (a) 0.95 kg (b) 25 000 kg (c) 0.02 kg
3. 1640 kg
4. (a) 0.6 kg (b) 3500 m (c) 4 cm (d) 0.7 m
   (e) 4000 ml (f) 5600 kg (g) 280 cm (h) 90 g
5. 6 cm
6. 2.1 kg
7. (a) 5700 ml (b) 0.91 m (c) 3700 kg (d) 8900 g (e) 614 g (f) 8 cm
8. Needs to change 2 m into cm
9. £25.20
10. 440 cm

Page 357   Extension questions with metric and imperial units

1. 22.5 miles
2. 46 kg
3. 410 ml, 489 ml, 0.87 l, 1.1 l, 1250 ml, 1.542 l
4. 505 m
5. 7.8 m
6. 2 feet, 0.55 m, 50 cm, $\frac{2}{3}$ foot, 16 cm
7. Both equal
8. 60
9. £39.15
10. 6000 cm^2 (0.6 m^2)

Page 358 **Exercise 1M**

2. (a) false (b) true (c) true (d) true (e) true (f) false

3. (d), (f) 4. (a) 45° (b) 49° (c) 65° (d) 95°

5. (a) $m = 50°$ (b) $n = 77°$ (c) $v = 60°, w = 120°$ (d) $x = 46°, y = 62°$

6. (a) 131° (b) 22°

Page 360 **Exercise 1E**

1. $a = 51°$ 2. $b = 68°$ 3. $c = 130°$ 4. $d = 36°$

5. $e = 80°, f = 80°, g = 20°$ 6. $h = 75°, j = 30°$ 7. $k = 60°, l = 60°$

8. $m = 63°, n = 54°$ 9. No 10. Yes

11. (a) 95° (b) 85° (c) 85°

12. (a) 59° (b) 30° (c) 91° 13. 98°

Page 362 **Exercise 2M**

1. 57° 2. 29° 3. 84° 4. 103° 5. 40° 6. 40° 7. 98°

Page 365 **Need more practice with angles and constructions?**

1. $a = 106°$ 2. $b = 97°$ 3. $c = 73°$ 4. $d = 68°$

6. pupil choice 8. (c) All bisectors intersect at the same point 9. 25°

Page 366 **Extension questions with angles and constructions**

1. $a = 116°$ 2. $b = 102°$ 3. $c = 125°$ 4. $d = 75°$

5. 40°, 100° or 70°, 70° 6. (c) 22.5° 7. 49°

8. 30° 9. Angles in 2 triangles add up to $2 \times 180° = 360°$

Page 371 **Exercise 1M**

1. A – cube, B – cuboid, C – triangular prism, D – hexagonal prism, H – cylinder

2. E – triangular based pyramid (tetrahedron), F – square based pyramid, G – cone, I – sphere, J – hemisphere

3. (a)

	faces	edges	vertices
A	6	12	8
B	6	12	8
C	5	9	6
D	8	18	12
E	4	6	4
F	5	8	5

(b) $F + V - 2 = E$

5. various answers

Page 373   Exercise 2M

1. (c) does not make a cube; (a), (b), (d), (e) do make cubes

2. (a) C   (b) F   (d) D   (e) C

Page 374   Need more practice with three dimensional objects?

2. various answers

3. cuboids: 6 faces, 12 edges, 8 vertices

4. triangular prisms: 5 faces, 9 edges, 6 vertices

6. Eight shapes can be made.

Page 375   Extension questions with three dimensional objects

1. $130 - 122 = 8\,cm^2$

2. remaining shape: 7 faces, 15 edges, 10 vertices
   piece cut off: 4 faces, 6 edges, 4 vertices

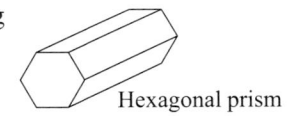

3. e.g
   Hexagonal prism

Page 376   Spot the mistakes 11

1. Convert 2 m to 200 cm (area = $9000\,cm^2$)   2. Correct

3. $B\hat{A}C = 50°$ not 80° ($A\hat{C}D = 105°$)

4. Only counted the edges that can be seen (answer = 18)

5. 0.8 kg = 800 g not 80 g (remaining butter = 735 g)

6. One triangle needs to be on the opposite side of the net.

7. In the long division, remainder = 54 not 64 (answer = 34)

8. Correct   9. $B\hat{F}E = 56°$ not 68° because it is an isosceles triangle   10. Correct

Page 380   Exercise 1M

1. (a) 16   (b) 7   (c) 8   (d) 5   (e) 32   (f) 7

2. (a) 5   (b) 8   (c) 2   (d) 10   (e) 4   (f) 9

3. 6   4. (a) 40   (b) 36   (c) 35   (d) 30   (e) 66   (f) 81

5. (a) 6   (b) 3   (c) 9   (d) 7   (e) 12   (f) 8

6. (a) 4   (b) 7   (c) 8   (d) 10   (e) 9   (f) 3

7. 9   8. (a) 5   (b) 6   (c) 30   (d) 4   (e) 25   (f) 100

Page 381   *Exercise 2M*

1. (a) $\frac{2}{7}$ (b) $\frac{3}{4}$

2. (a) $\frac{4}{5}$ (b) $\frac{4}{7}$ (c) $\frac{2}{3}$ (d) $\frac{3}{7}$ (e) $\frac{2}{13}$ (f) $\frac{3}{5}$

3. (a) $\frac{1}{6}$ (b) $\frac{3}{8}$ (c) $\frac{1}{2}$ (d) $\frac{7}{10}$ (e) $\frac{7}{12}$ (f) $\frac{7}{8}$

4. 15   5. $n = 5$, length $= 17$ cm, width $= 5$ cm

6. (a) $\frac{3}{5}$ (b) 2   (c) 7   (d) $\frac{7}{9}$ (e) 10   (f) $\frac{5}{2} = 2\frac{1}{2}$

(g) $\frac{9}{2} = 4\frac{1}{2}$ (h) $\frac{16}{5} = 3\frac{1}{5}$ (i) $\frac{11}{6} = 1\frac{5}{6}$

Page 382   *Exercise 2E*

1. 5   2. 4   3. 6   4. 3   5. 8   6. 10

7. 7   8. 5   9. 6   10. 9   11. $\frac{14}{15}$ 12. $\frac{3}{4}$

13. $\frac{5}{6}$ 14. $\frac{5}{6}$ 15. $\frac{11}{12}$ 16. $\frac{19}{24}$ 17. $\frac{2}{6} = \frac{1}{3}$ 18. $\frac{15}{45} = \frac{1}{3}$

19. 1.5   20. pupil answer   21. pupil answer

Page 383   *Need more practice with equations?*

1. (a) 9   (b) 32   (c) 15   (d) 28   (e) 7   (f) 3

   (g) 9   (h) 8   (i) 6

2. (a) 5   (b) 7   (c) 6   (d) 11   (e) 6

3. 8   4. (a) $5n + 30 = 180$ (b) $n = 30$ (c) 50°, 60°, 70°

5. Should have added 12 to both sides of equation not subtracted.

Page 383   *Extension questions with equations*

1. (a) 6   (b) 4   (c) 7   (d) 3   (e) 3   (f) 2

2. (a) $4x - 5 = 19$ (b) $x = 6$
3. (a) $x, 2x, 2x + 12$ (b) $5x + 12 = 137$ (c) £25
4. (a) $\frac{9}{10}$ (b) $\frac{8}{9}$ (c) $\frac{21}{15} = \frac{7}{5} = 1\frac{2}{5}$ (d) $\frac{45}{12} = \frac{15}{4} = 3\frac{3}{4}$
   (e) $\frac{23}{20} = 1\frac{3}{20}$ (f) $\frac{31}{10} = 3\frac{1}{10}$
5. (a) $6n + 12$ (b) $n = 4$ (c) 48 cm^2

Page 385   Exercise 1M

1. (a) 14 (b) 26 (c) 6 (d) 1.3 (e) 2 (f) 1.1
2. 3   3. 2000   4. 1.4   5. 5   6. -1 7. 10
8. 30 000   9. $12\frac{1}{2}$ 10. 16
11. (a) 48 (b) 7 (c) 2 (d) 9   12. 16

Page 385   Exercise 2M

1. 20, 25, 30, 35, 40
2. (a) 8, 10, 12, 14, 16 (b) 100, 96, 92, 88, 84 (c) 10, 20, 40, 80, 160 (d) 64, 32, 16, 8, 4
3. (a) add 7 (b) subtract 11 (c) add 0.2 (d) multiply by 2
4. (a) 47 (b) 3 (c) 25–51–103–207
5. (a) pupil choices   6. (a) 28 (b) 3 (c) 1–1–1–1
7. (a) add $\frac{1}{2}$ (b) multiply by 2 (c) add 0.1 (d) divide by 3
8. (a) 4, 9, 14, 19, 24 (b) 20, 17, 14, 11, 8 (c) 3, 6, 12, 24, 48
   (d) 1, 10, 100, 1000, 10 000
9. (a) $5 + 9 \times 1234 = 11\,111$ (b) $7 + 9 \times 123\,456 = 1\,111\,111$
10. (a) 5, 10, 15, etc. (b) (eg.) 0.1, 5.1, 10.1… (c) no

Page 387   Exercise 3M

1. (b) 3 times   2. (c) 2 times, add 1   3. (c) 4 times, add 1
4. (b) is 4 more than the number of pink shaded squares
5. $s = 3n, s = 2n + 1, s = 4n + 1$

Page 389   Exercise 4M

1. (a) 6 (b) 12 (c) 60

2. (a) 7   (b) 15   (c) 205

3. (a) 7, 14, 21, 28   (b) 4, 5, 6, 7   (c) 4, 7, 10, 13   (d) 24, 23, 22, 21   (e) 11, 15, 19, 23

4. (a) $10n$ (b) $3n$ (c) $4n + 1$ (d) $50n$ (e) n^2

    (f) $2n + 6$ (g) $3n + 8$ (h) $12n$

5. (a) M5 = 20, M6 = 24, N5 = 22, N6 = 26   (b) M15 = 60, N20 = 82

6. Yes, $n = 3$ gives $15 - 3 = 12$ **7.** Yes, $n = 4$ gives $8 + 5 = 13$

8. (a) (10, 3)   (b) (100, 3)   (c) (101, 1)   (d) (201, 1)

Page 390   **Need more practice with sequences?**

1. 36   **2.** 81   **3.** 19   **4.** -3 **5.** 2.5   **6.** -4

7. (b) 4, 12, 24, 40, 60, 84

8. (a) 2, 5, 8, 11, 14, 17   (b) 10, 14, 18, 22, 26, 30, 34   (c) 40, 37, 34, 31, 28, 25

9. (a) (16, 4)   (b) (80, 4)   (c) (8000, 4)

10. (b) 4 times   (c) $s = 4n$ (d) 200

11. (a) 7, 8, 9, 10   (b) 1, 4, 7, 10   (c) 9, 14, 19, 24   (d) 15, 14, 13, 12

12. Marie correct

Page 392   **Extension questions with sequences**

1. 3.7, 3.95, 4.2, 4.45, 4.7   **2.** add 2, multiply by 3 (many others)

3. (a) $5^2 + 5 + 6 = 36$, $6^2 + 6 + 7 = 49$, $7^2 + 7 + 8 = 64$ (b) $12^2 + 12 + 13 = 169$

4. (a) $s = 5n + 1$ (b) 76

5. 3: (6, 6); 5: (10, 10); 40: (80, 80); 45: (90, 90)   **6.** eg. 27, 31, 35, 39

7. (a) $6 \times 7 = 6 + 6 \times 6$ (b) $10 \times 11 = 10 + 10 \times 10$, $11 \times 12 = 11 + 11 \times 11$

8. $13 + 15 + 17 + 19 = 64 = 4^3$, etc

9. (a) 720   (b) $\dfrac{5}{11}$ (c) 1440

Page 394   **Investigation – count the crossovers**

Part D: 20 lines have 190 crossovers $\left(\dfrac{20 \times 19}{2}\right)$

Page 394   **Spot the mistakes 12**

1. Subtract 3 from both sides of the equation not add 3 $\left(x = \dfrac{14}{5} = 2\dfrac{4}{5}\right)$

2. Should multiply bracket by 2 (8, 10, 12, 14) **3.** Should multiply 3 by 4 $\left(n = \frac{37}{4} = 9\frac{1}{4}\right)$

4. Correct **5.** Correct **6.** Multiply n by 4 ($s = 4n + 1$)

7. 'Divide by 3' not 'multiply by 3'. **8.** Asha's age $= x + 4$ not $4x$ (Ryan is 18 years old)

9. Correct **10.** $x = 10 \times 5$ not $\frac{10}{5}$ ($x = 50$)

Page 397 Applying mathematics 6

1. 1.6 kg (1600 g) **2.** 6561

3. (a) $575 + 326 = 901$ (b) $369 + 584 = 953$ (c) $216 + 534 = 750$

4. Does not fit (top triangle angle is 56° and it needs to be 54°)

5. Aerial shop lower by £13 (£527 and £540)

6. $0.2^2 = 0.04 < 0.2$ so Tamsin correct ($n^2 < n$ when $n = 0.2$)

7. £37.50 **8.** 85 cm² **9.** (a) 2 (b) 20 (c) 1008 mm **10.** $\frac{4}{6} = \frac{2}{3}$

Page 399 Unit 6 Mixed Review

Part one

1. 31 **2.** 5.75 kg **3.** cube

4. (a) 21 (b) 4 (c) 4 (d) 7 (e) 36 (f) 6

5. 11.7 cm **6.** sphere **7.** (a) BC (b) JK (c) H **8.** 45

9. (a) litres (b) grams (c) metres (d) kilometres (e) millilitres (f) centimetres

10. (a) 57° (b) 59° **12.** 35 miles

13. (a) true (b) false (c) false (d) true (e) true (f) false

14. £8.30 **15.** 240 g

Part two

1. (a) 3.65 m (b) 0.85 kg (c) 49 cm (d) 4200 g (e) 0.38 m (f) 4.6 cm

2. square-based pyramid **3.** 55° **5.** (a) 28 (b) 4 cm

6. 64 g **7.** (c) 27 (d) diagram number $\times 5 + 2$

8. (a) 4 (b) 5 (c) 2 **9.** $a = 6, b = 4, c = 5, d = 6, e = 4, f = 5$

10. (a) 65 536 (b) 4 194 304 **11.** 90° **12.** prisms **13.** $-7, -8$ or -9

14. (a) 1, 7, 21, 35, 35, 21, 7, 1 (b) 21, 28, 36 (c) 1, 2, 4, 8, 16, etc. (d) 512 ($= 2^9$)

15. (a) WE NEED MORE SUMS (b) HAVE A NICE DAY
  (c) SPURS ARE RUBBISH (d) PLEASE SET MORE WORK

ISBN 978-1-906622-84-8